Z세대는 그런 게 아니고

BOOK
JOURNALISM

Z세대는 그런 게 아니고

발행일 ; 제1판 제1쇄 2020년 9월 2일 제1판 제3쇄 2021년 11월 5일
글 ; 고승연 발행인·편집인 ; 이연대
편집 ; 소희준 제작 ; 강민기
디자인 ; 유덕규 지원 ; 유지혜 고문 ; 손현우
펴낸곳 ; ㈜스리체어스_서울시 중구 한강대로 416 13층
전화 ; 02 396 6266 팩스 ; 070 8627 6266
이메일 ; hello@bookjournalism.com
홈페이지 ; www.bookjournalism.com
출판등록 ; 2014년 6월 25일 제300 2014 81호
ISBN ; 979 11 90864 05 3 03300

BOOK
JOURNALISM

Z세대는 그런 게 아니고

고승연

; 지금 Z세대에게는 메이저와 마이너의 구분이 큰 의미가 없다. Z세대가 10대의 주류가 되고 20대 중반까지 장악한 지금은 소수의 취향도 존중받게 되었다. 대다수는 윤리적·법적으로 문제되지 않는다면 세상에 무시당해도 될 취향은 없다고 믿는다. 동창회, 향우회 등 기존의 연결을 기반으로 한 '끈끈한' 모임이 아니라 취향을 중심으로 뭉치는 '느슨한 연결'을 즐기며, 여기에 비용을 아끼지 않는다.

차례

프롤로그　　　　세대론을 다룰 때 주의할 점

고백하건대, 필자는 2019년 1월 방탄소년단BTS에 '입덕'[1]했다. '최애(가장 좋아하는 멤버)'는 지민이다. 춤출 때 선이 정말 곱다. 입덕 당시에 이미 만 41세였던 '아재'에게 도대체 무슨 일이 있었던 것일까?

모든 건 그해 시작과 함께 연구하기 시작한 주제이자 《동아비즈니스리뷰DBR》 269호 스페셜리포트[2] 주제였던 'Z세대'를 이해하는 과정에서 벌어졌다. Z세대와 BTS 입덕은 또 무슨 상관인가. 분명 상관이 있다.

이 책은 '세대'를 주제로 한 책이다. 이제 좀 지겨운 감도 있다. 지난해 한국 사회는 1년 내내 '세대론'으로 시끄러웠다. 대한민국에서 글깨나 쓴다는 이들은 모두 신문 칼럼에서, 블로그나 브런치에서 또는 책을 통해서 세대에 대한 자신의 생각을 읊어댔다. 지난 몇 년간 경영계에서는 예전과는 다른 행태를 보이는 새로운 성향의 밀레니얼 세대 직원과 밀레니얼 소비자에 대한 많은 연구가 진행돼 왔다. 마케팅을 위한 소비자 세그먼테이션segmentation[3] 연구 차원에서, 인사 관리HR 차원에서 현실적으로 문제를 풀어야 하는 기업과 경영학계의 입장에서는 너무도 당연한 일이었다. 지난해에는 연구 대상으로 Z세대가 추가됐다. 거기에 86세대가 지난 십수 년간 한국 사회 내 권력을 독점해 왔다는 '86세대 기득권론', MZ세대와 86세대 중간에 껴서 힘들다는 X세대에 대한 이야기, 한국 사회의 갈등은 기본적으로 기성세대와 청년 세대 사이 갈등이라는 주장 등 정치·경제·사회 측면에서의 세대론도 폭발했다. 또 20대를 어떤 가치보다 공정을 우선시하는 '공정세대'라고 부르면서 정치 사회적으로 호명해 내는 이들도 있었다.

필자도 이 세대론 열풍의 한가운데에 있었다. 당시 DBR과 《하버드비즈니스리뷰HBR》 한국판 에디터이자 경영전문 기자로서, 그리고 〈DBR 스페셜리포트 Gen Z〉의 기획자로서 밀려드는 강연과 자문 요청에 눈코 뜰 새 없이 바쁜 시간을 보냈다. 사실 2019년 초 처음 Z세대 리포트를 기획할 때만 해도 이 주제를 다루기에는 다소 이르지 않나 싶었지만 그건 기우였다. 마침 현 대통령이 주변에 권했다고 해서 유명해진 임홍택 작가의(임 작가 자신은 Z세대라는 세대 구분법에 동의하지 않았지만) 저서 《90년생이 온다》 돌풍이 불고 있었고, 기업의 인사팀이나 마케팅팀에서는 완전히 새로운 세대이자 전혀 다른 소비자의 등장에 당황해 문의를 해오기 시작했다. 그렇게 자문과 강의에 불려 다니면서 더 많은 자료를 모았고 그것들을 잘 엮어 내면 기업의 인사와 마케팅 현장에서 고민하고 있는 이들에게 큰 도움이 될 수 있겠다는 생각을 하게 됐다.

또 하나의 세대론을 다루지만, 그리고 어쩔 수 없이 다소 작위적인 구분으로 세대를 나누고 그걸 바탕으로 다양한 논의를 하겠지만 그럼에도 불구하고 반드시 프롤로그에서 짚고 넘어가야 할 점이 있다. 바로 세대론 자체의 위험성이다. 세대는 정말 조심스럽게 다뤄야 하는 개념이자 변수임을 강조하고 싶다. 마케팅을 위한 세그먼트로서 접근하든, 정치 사회적으로 호명하고 변수화, 개념화해 접근하든 마찬가지다. 세대를 변수로 설정하면 사실 훨씬 더 중요할 수도 있는 사회 경제적 지위socioeconomic status라는 변수가 전부 지워질 수 있기 때문이다. 그래서 세대론은 듣다 보면 재밌고 그럴싸한데 사실상 아무것도 설명하지 못하거나 어떤 문제도 해결할 수 없는 경우가 많다.

하지만 사람들은 끊임없이 세대에 대해 이야기하고, 세대를 흥미로워한다. 이유는 의외로 단순하다. 나와 내 주변을 둘러싼 재미있는 '썰'의 소재이자 주제이기 때문이다. 술자리에서 '우리 세대는', '586 꼰대들은', '밀레니얼들은' 이렇게 떠들기 시작하면 순식간에 공감도 이루어지고 다양한 에피소드도 나온다. 이런 방식으로 퍼지는 세대론은 '내가 아는 사례, 내가 겪은 사례, 내 주변에서 벌어진 일'에서 얻은 성급한 일반화에 불과한 경우가 대부분이다. 우리는 보통 일을 하거나 가족을 구성하거나 친구들을 사귈 때 비슷한 사회 경제적 지위 안에서 관계를 맺게 된다. 이른바 'SKY' 대학 교수가 바라보는 20대는 SKY대 20대일 수밖에 없다. 특히 지식인일수록, 사회 경제적 지위가 높을수록 자신과 주변이 그 세대를 대표할 수 없고, 본인이 다른 세대를 바라보는 시각이나 관점이 진실로 그 세대를 꿰뚫어 보는 시선이 되기도 쉽지 않다. 살짝 과장을 보태 말하면 우리가 술자리에서 안주로 삼는 세대론은 그저 '유유상종'인 사람들끼리 모여 자신의 선배 그룹이나 후배 그룹에 대한 불만 표출과 험담을 마치 어떤 담론인 것처럼 포장하는 것에 불과하다. 옛 동굴 벽화에도 써 있다는 문장, '요즘 애들 싸가지 없다'는 이야기를 넘어서지 못한다는 뜻이다. 백번 양보해서 세대에 대한 이야기가 맞다 하더라도 여기에서의 세대는 엄밀히 말해 세대가 아니라 그저 연령대에 가까운 개념이다.

그렇다면 세대란 무엇인가? 표준국어대사전의 1번 뜻은 '어린아이가 성장하여 부모 일을 계승할 때까지의 30년 정도 되는 기간'이다. 우리가 일상에서 쓰는 말 중 '한 세대가 지나고 나니'라고 할 때는 보통 이 의미다. 그러나 정치학이나 사회학 등 사회 과학에서 활용되는 세대 개념은 더 복잡하다. 일반적으로 연령대를 10대, 20대, 30대, 40대, 50대, 60대 이상 등으로 구분한 뒤 해당 나이대가 갖는 공통적 특성, 즉 '10대나 20대는 도전적이고 진보적이다', '50대 이상은 변화보다는 안정을 추구한다' 등을 도출하는 것은 연령 효과다.

여기에 각 연령대가 10대나 20대 등 가치관 형성기에 겪었을 중요한 사건이나 트렌드를 바탕으로 '세대 특성'을 정의할 수 있다. 이는 코호트(동년배) 효과다. 그리고 때로는 전체 세대가 함께 특정 정치 사회적 사건을 겪으면서 형성된 사회 구성원 전체의 성향을 변수화해 측정하기도 한다. 이는 기간 효과라고 한다.[4]

우리가 주로 술자리에서 떠드는 세대론은 상당 부분 연령 효과와 연결돼 있고, 이 책의 주제이자 소재가 되는 'Z세대론'은 코호트 효과와 맞닿아 있다. 기간 효과는 2차 세계 대전과 같은 큰 사건을 모두 함께 겪어야 만들어지는 효과인데, 마침 2020년 여름 현재 전 세계는 세계사적으로 매우 드문 사건이자 우리의 생활 세계와 가치관을 뒤흔드는 코로나19 글로벌 판데믹을 경험하는 중이다. 이러한 기간 효과가 Z세대는 물론 다른 세대에 어떤 영향을 줄지는 아직 예측하기 어려운 상황이다.

한 가지 짚을 수 있는 점은 포스트 코로나 시대 한국을 비롯한 전 세계가 겪게 될 현상 '콘택트(contact, 접촉) 약화, 커넥트(connect, 연결) 강화'는 사실 Z세대가 이미 살아온 조건이었다는 것이다. 코로나19 판데믹은 Z세대가 가진 코호트 특성이 전 세대에 걸친 경험으로 확산돼 '기간 효과'를 만들어 내고 있는 것인지도 모른다. 아직까지는 알쏭달쏭할 수 있는 이 말의 의미는 이어지는 내용을 통해 확실하게 이해할 수 있게 될 것이라 믿는다. 이제 Z세대를 만나러 가보자.

1 모바일 네이티브와 지구인 정체성

연결된 세상에 태어난 모바일 네이티브

맨손으로 전화받는 포즈를 취했을 때, 주먹을 쥔 상태에서 엄지와 새끼손가락만 펴 옛 전화기 모양을 만들어 귀에 갖다 댄다면 최소 1990년대 초반 이전에 출생한 사람이라고 추정할 수 있다. 1990년대 중반 이후 출생자인 Z세대는 전화받는 시늉을 할 때 손바닥을 다 펴거나 스마트폰을 살짝 쥔 듯한 모양을 만들어 귀에 갖다 댄다. 수화기가 있는 형태의 전화기를 제대로 본 적이 없기 때문이다. 이들에게 전화기란 항상 선이 없고 터치가 되는 직사각형 모양의 기기였다. 그래서 상당수의 Z세대는 스마트폰의 전화 통화 아이콘이 왜 그런 모양새(단순화된 수화기 모양)를 갖게 됐는지도 잘 모른다. 플로피 디스크를 본 적이 없기 때문에 오피스 프로그램의 '저장' 아이콘이 왜 그런 모양인지도 물론 모른다. 아날로그 시대의 기기들을 학습을 통해서만 알 수 있는 세대가 Z세대다. 진정한 디지털 네이티브이자, 모바일 네이티브인 셈이다. Z세대는 보통 1990년대 중반에서 2000년대 후반에 태어난 세대로 정의되는데, 학자에 따라 연도 구분은 조금씩 달라진다. 이 책에서는 미국의 세대 전문가 제프 프롬Jeff Fromm과 앤지 리드Angie Read의 정의, '1996년부터 2010년 사이에 출생한 이들'을 따르고자 한다. 일부 국내 전문가들이 미국 Z세대와 한국 Z세대의 출생 연도 범위를 다르게 정의해야 한다고 주장하는 것과 달리 미국과 한국 Z세대의 구분이 불필요하다고 보기 때문인데, 그 이유는 Z세대의 특성을 살펴보면 알 수 있다.

Z세대에게는 세상이 태어날 때부터 연결돼 있었다. 부모의 손에 항상 휴대폰이나 스마트폰이 들려 있는 것을 보면서 자랐다. 아파서 울거나, 식당이나 공공장소에서 떼를 쓸 때에도 부모는 급하게 스마트폰으로 동영상을 보여 줬다. 자라면서 친구들과 놀 때, 학교나 학원 숙제를 할 때에도 언제나 노트북 컴퓨터, 스마트폰, 태블릿 PC 등을 다양하게 활용했다. 스마트 디바이스는 장난감이자 학습 도구였으며, 온라인 쇼핑몰인 동시에 쇼핑 카트였고 또한 은행이기도 했다. 신체의 일부라 불러도 될 정도였다. '포노 사피엔스(Phono Sapiens, 스마트폰을 신체의 일부처럼 사용하는 인류)'로도 불리는 이 모바일 네이티브들은 실제로 3~4개의 다른 디바이스를 동시에 다루며 화면을 오가는 멀티태스킹이 가능하다. 반면 집중하는 시간은 다소 짧은 편이다. 세대 전문가이자 컨설턴트인 제프 프롬은 저서에서 "밀레니얼은 2개의 화면을 동시에 다루고 12초의 집중력을 가진다. 하지만 Z세대는 5개의 화면을 동시에 다룰 수 있으며 집중력 지속 시간은 8초 정도 된다"고 설명한다.[5]

이전 세대인 밀레니얼, 그 이전의 X세대와 비교해 보면 모바일 네이티브라는 Z세대의 특징을 잘 이해할 수 있다. Z세대라는 이름이 지어진 것도 앞 세대와의 연관성 속에서다. 1980년대와 1990년대 초반 출생자들로 구성된 세대는 청소년기와 청년기에 2000년대로 진입했다고 해서 밀레니얼 세대로 불렸지만, 그들을 지칭하는 또 다른 세대명은 Y세대다. 그리고 이런 모든 세대 네이밍의 출발점은 Y세대보다 앞서 태어나 '규정할 수 없는 세대'라고 불렸던 X세대에서 시작된다. X세대는 국가별로 약간의 차이는 있지만 주로 1970년대 생들을 지칭한다.

어린 시절 처음 데스크톱 PC를 접하고 활용하기 시작했던 X세대(한국에서는 1970년대생이 주축)와 노트북 PC와 스마트폰을 청소년·청년 시기부터 사용하기 시작했던 밀레니얼 세대, 그리고 Z세대는 현 시점에서는 모두 다양한 PC와 스마트 디바이스를 활용하고 있으며, 디지털 기기 전반에 대한 이해도와 활용도가 높은 편이다. 하지만 Z세대와 다른 세대의 디지털 및 모바일 적응도에는 본질적인 차이가 있다.

이런 차이는 미국 이민을 예로 들어 설명할 수 있다. X세대는 디지털 이민자immigrant다. 태어나서 자랄 때의 세상은 아날로그였으나, 청소년 시절 처음으로 PC를 접했고, 전화선에 연결한 PC 통신을 통해 처음으로 익명성에 기반한 '랜선 인연'과의 소통을 비교적 젊은 시절에 경험했다. 그리고 대학 시절이나 직장 생활을 시작했던 20대 중후반 혹은 30대 초반에 엄청난 디지털·모바일 혁명을 겪었다. 아날로그에서 태어나 성인이 된 후 디지털로 이민 간(혹은 이민 갈 수밖에 없었던) 이민자들이라 할 수 있다. 미국 이민에 비유해 보면, 한국에서 청소년이나 대학생 시기에 영어를 공부한 뒤 20~30대에 이민을 간 사람들이다. 일상생활을 위한 의사소통을 하고 뉴스나 신문을 적당히 이해하는 데에 큰 지장은 없으며, 멀쩡히 대학을 다니거나 직장 생활을 할 수 있다. 그럼에도 불구하고 미국 문화에 완전히 동화돼 네이티브들과 농담을 주고받으며 미묘한 언어의 뉘앙스를 온전히 파악하는 것까지는 불가능하다. 영어로 생각하기보다는 여전히 한국어로 생각한 뒤 머릿속에서 언어를 바꿔 소통한다. 상당수는 원어민처럼 발음하는 것을 어려워하기도 한다. X세대에게 디지털과 모바일이란 그런 것이다. 업무상 필요나 일상에서의 재미를 위해 구글링으로 원하는 자료를 잘 찾아내기는 하지만 종이에 출력해서 읽어야 머릿속에 들어오는 사람들이 많다. 원하거나 필요한 영상을 곧잘 찾아내 즐기고 공부하지만, 한 손에는 펜을 쥐고 있어야 마음이 편하다. 모바일 기기도 잘 다루지만 멀티태스킹 능력은 후속 세대에 비해 떨어지고, 모바일 쇼핑은 즐기나 '잇템'과 '핫템'을 찾아내는 능력이나 소셜 미디어를 통해 구매하는 능력 등은 부족한 편이다. 그리고 그 부족함을 채우기 위해 청소년이 된 자녀에게 부탁을 하거나 '공부'를 한다. 처음 이민 간 2030세대가 미국 문화와 삶의 방식을 하나하나 공부해 가면서 적응했고 나이가 들어서도 그러는 것과 마찬가지다.

한편 밀레니얼 세대는 흔히 첫 번째 디지털 네이티브로 불린다. 밀레니얼 세대는 어린 시절 부모님을 따라 함께 이민 간 이민자 2세로 비유할 수 있다. 네이티브 수준의 영어를 구사하며 미국 문화도 금세 체득해 얼핏 보면 완전한 네이티브이지만 부모가 미국 가서 낳은 자녀인 동생(Z세대)과 비교하면 완전한 미국인은 아니다. 빠르게 디지털을 익혀 자연스럽게 활용할 수 있게 됐고 사실상 디지털·모바일 네이티브처럼 보이지만 자신들의 동생뻘인 Z세대와 비교할 경우, 멀티태스킹 능력이나 사고방식 그리고 행동 패턴이 Z세대처럼 '모바일 최적화'돼 있다고는 보기 어렵다. 톰 쿨로폴로스 Tom Koulopoulos는 《The Gen Z Effect》에서 밀레니얼 세대를 'Z세대라는 진정한 디지털 원주민의 베타 버전(소프트웨어나 하드웨어 정식 출시 전 피드백을 위해 사전 배포하는 테스트 제품)'이라고 설명한다.[6]

반면 Z세대는 모바일 네이티브 그 자체다. 태어나 보니 미국에 살고 있었던 이민자 2세처럼, 태어난 곳이 모바일 기반의 연결된 세상이었다는 의미다. 이들의 출생 배경과 성장 과정을 이해하면, 이들이 온라인 세계를 대하는 방식을 이해할 수 있다. 이는 소셜 미디어 활용 방식에서 단적으로 드러난다. 밀레니얼 세대의 경우 전기 밀레니얼(1980년대 초중반생)까지는 페이스북을 주로 썼고, 일부는 트위터를 더 많이 사용했다. 후기 밀레니얼(1980년대 후반부터 1990년대 초반생)까지는 주로 인스타그램을 많이 썼다(물론 Z세대도 인스타그램을 많이 한다). Z세대의 경우, 스냅챗과 같은 폐쇄적이고 휘발성이 강한 미디어를 많이 활용한다(그리고 자주 취향이 바뀐다).[7] 페이스북 자체는 Z세대 사이에서 대세가 아니지만,[8] 페이스북 메신저는 많이 사용한다.[9] 페이스북부터 인스타그램, 그리고 스냅챗까지 이어지는 '대세' 소셜 미디어를 보면, 갈수록 폐쇄적인 특성을 지닌다는 것을 알 수 있다. 지난해 초 페이스북의 마크 저커버그 CEO가 '페이스북을 폐쇄적인 커뮤니티형 서비스로 전환할 생각이 있다'고 언급[10]한 건 다른 여러 이유도 있지만, Z세대부터 페이스북 자체를 소셜 미디어로 적극 사용하는 비율이 떨어지는 것과 관련이 있다는 게 업계의 평가다.

　　Z세대가 왜 폐쇄적인 소셜 미디어를 선호하는지에 대해 정확한 설문 조사나 분석은 많지 않지만, 이들 세대의 미디어 활용 성향을 분석한 마케터나 컨설턴트들의 말을 종합하면 다음과 같다. 이들에게 온라인·모바일 세계는 전혀 신기하지 않다. 추후 다시 언급하겠지만, Z세대에게는 사실 온라

인과 오프라인이 특별히 구분되지 않는다. 그리고 거의 모든 일상을 습관처럼 찍어서 올린다. 'Z세대에게는 사진 찍히지 않은 건 존재하지 않았던 일'이라는 말이 있을 정도다. 그런 그들에게 지나치게 오픈된 공간은 부담스러울 수 있다. 태어날 때부터 연결된 세상에서 온라인·모바일 생활을 영위하던 Z세대에게는 자연스레 앞선 세대와 개인 정보에 대한 인식 차이도 생겨났다. 국내 Z세대 전문가이자 IBM GBS 코리아 상무인 컨설턴트 이한규에 따르면, 처음으로 개인 정보 제공 동의 창에 클릭을 했던 X세대는(한국의 초기 X세대는 이미 어린 Z세대의 부모이기도 하다) '뭐 이렇게 동의하라는 게 많아?' 정도의 생각으로 어쩔 수 없이 '클릭 클릭' 하면서 자신의 정보를 내줬다면 Y세대, 즉 밀레니얼 세대는 '이걸 동의하면 내게 어떤 혜택이 있겠군'이라고 계산하면서 정보를 내줬다. 반면 Z세대는 '나한테 이걸 왜 묻지?'라고 생각한다. Z세대는 몇몇 할인 혜택을 포기하더라도, 자신의 정보를 내주지 않는다는 것이다. 이는 이후 논의할 Z세대 대상 마케팅에서도 중요한 특성이다.

최초의 지구인 세대

Z세대에게 연결된 세상이란 단순히 인터넷으로만 연결된 세상은 아니다. 정치 경제적으로도 고도로 동조화된 세계다. Z

세대는 성장 과정에서 2008년 금융 위기와 2010년 유럽 재정 위기를 맞닥뜨렸다. 두 사건은 위기가 발발했던 지역뿐 아니라 한국과 일본을 포함하는 동아시아 전체와 신흥국에도 영향을 끼쳤다. 2019년 내내 한국 경제는 물론 전 세계 경제를 어렵게 만들었던 미중 무역 전쟁(2020년 5월부터는 사실상 패권 전쟁 혹은 신냉전이 시작된 것 아니냐는 말이 나올 정도로 두 국가 사이의 갈등이 격화됐다)이나 2020년 2차 세계 대전 이후 최악의 글로벌 정치 경제 위기를 만들어 낸 코로나19 글로벌 판데믹 사태 역시 세계가 얼마나 긴밀하게 연결되어 있었는지를 잘 드러내 주고 있다. Z세대는 이런 세계, 이런 지구에서 살고 있었다. 또 유튜브와 각종 소셜 미디어로 연결돼 있기에, 지구 곳곳에서 일어나는 일을 자기 일처럼 느끼고 실제로 영향을 받는 상황이 됐다. 해외에서 벌어진 신기한 사건들을 의미하는 '해외 토픽'이라는 개념은 이들에게 없다. 지구 어딘가에서 일어나는 일은 이미 내가 직간접적으로 경험하고 알 수 있는 일이기 때문이다. 이런 상황은 이들 세대가 최초로 '지구인 정체성'을 갖도록 하는 데 큰 기여를 했다.

지구인 정체성에 대한 설명을 하기 전에 Z세대의 시선으로 바라본 세상, 즉 그들이 성장하면서 지켜본 사건들에 대해 더 이야기해 볼 필요가 있다. 2008년 미국에서는 금융 위기 외에도 또 하나의 역사적 사건이 일어났다. 바로 버락 오바

마의 대통령 당선, 즉 미국 최초의 흑인 대통령 탄생이다. 그리고 미국의 외교를 진두지휘하는 수장인 국무 장관에는 오바마의 당시 경선 상대였던 힐러리 클린턴이 임명됐다. '자유 세계의 리더'라는 별칭을 갖는 미국 대통령과 가장 중요한 각료인 국무 장관 자리에 각각 흑인과 여성이 앉은 것이다. 2000년대 초반 이후부터 이미 유럽 주도국 독일의 총리는 여성인 앙겔라 메르켈이었다. 독일의 10대는 태어나서부터 항상 메르켈이 총리였기에, 원래 총리는 여성이 하는 것으로 안다는 농담도 존재할 정도다. 여성이 총리가 되는 건 이후에도 기타 유럽이나 오세아니아 국가에서도 꽤 자주 일어나는 일이 됐다. Z세대는 물론이고 거의 전 세계의 전 세대가 사용하고 스마트폰 중 브랜드 가치가 가장 높은 아이폰과 디자이너나 프로그래머의 '최애' 노트북 컴퓨터인 맥북 등을 만드는 회사 애플의 CEO 팀 쿡은 커밍아웃한 동성애자다(Z세대에게 애플은 '스티브 잡스의 애플'이 아니라 '팀 쿡의 애플'임을 기억해야 한다).

　　Z세대가 경험한 세계는 이렇다. 초강대국 미국의 대통령은 흑인이고 국무 장관은 여성, 세계 최고 글로벌 기업 CEO는 동성애자, 유럽 주도국의 총리는 여성인 곳. 이런 세계를 살아온 이들에게 인종, 성별, 성 정체성은 개개인의 다양성으로 받아들여지는 것이지 차별할 문제가 아니다. 즉 차이를 문제 삼거나 이슈화하는 것 자체가 이상한 일이 된다. 한국

패션유통정보원 전략기획팀이 2018년에 정리한 자료에 따르면, 글로벌 조사 결과 Z세대의 73퍼센트는 동성 결혼에 찬성하고 74퍼센트는 트렌스젠더 평등권을 지지하며, 66퍼센트는 남성성과 여성성의 경계를 넘어서는 것, 즉 성별 초월에 찬성한다.[11] 동성애 이슈에 대해 약간은 더 보수적인 한국 Z세대의 경우 이보다는 좀 더 찬성 비율이 낮을 것으로 보이나, 한국 내에서도 다른 세대와 비교하면 훨씬 높을 것으로 추정된다. 유튜브와 소셜 미디어 플랫폼에서 이들은 국적이나 성별, 인종 등에 구애받지 않고 취향이 비슷한 사람끼리 모여 같은 영상을 보고 같은 이슈에 반응하며 웃고 울고 놀고 떠들어 왔기 때문이다.

정치 경제적으로 동조화된 세계에 살며, 소셜 미디어와 유튜브 등의 인터넷·모바일 플랫폼 위에서 함께 놀던 전 세계 Z세대에게는 특정 국가의 총리나 대통령도, 글로벌 기업의 CEO나 헐리우드 배우, 케이팝 스타도 이방인이나 외국인이 아닌 '동시대인'으로 받아들이는 경향이 강해질 수밖에 없었다. Z세대가 최초로 '지구인 정체성'을 갖게 된 배경이다. 이들은 기성세대가 가져 왔던 정체성과 다른 정체성을 가진 상태에서 기존의 진보·보수가 각각 추구해 왔던 평등과 자유, 분배와 성장의 이분법에 매몰되지 않고 '기회의 공정성'과 가치 추구의 '진정성'을 중심에 놓고 사고하는 경향이 있다.[12]

Z세대의 글로벌한 정체성에 대해 한국조지메이슨대 교양학부 교수인 이규탁 역시 최근 저서에서 Z세대의 아이콘 BTS를 설명하면서 비슷한 의견을 제시한다.

인터넷 기반 디지털 미디어를 통해 소통하고 정체성을 형성해 온 Z세대는 과거 특정 시대를 대표했던 세대와 달리 글로벌한 보편성을 갖는다. 가령 1960년대를 대표한다고 여겨지는 히피나 68세대의 특성은 서구 사회의 고학력 백인 중산층이 주도하여 형성된 문화다. 동년배라 할지라도 다른 지역·인종·계급과 공유하는 특성은 아니다. 1960년대 한국의 20대, 미국 흑인 20대, 베트남 20대, 멕시코의 20대, 브라질의 20대들이 히피나 68세대와 비슷한 특성을 갖지는 않았던 것이다. 그러나 Z세대는 다르다. 인터넷을 기반으로 유튜브, 페이스북, 트위터, 인스타그램 등 글로벌 인터넷 미디어 플랫폼으로 연결되어 있는 Z세대들은 인종·계급적 차이에도 불구하고 상당한 유사점을 지닌다. 그리고 이렇게 커다란 범위의 글로벌한 소통과 문화 공유는 역사상 전례가 없는 일이다.[13]

필자도 이에 동의한다. 이런 Z세대 정체성의 특성을 알아야, 수년 전부터 시작돼 여전히 현재 진행형인 '글로벌 BTS 현상'도 이해할 수 있다. 본래 '동아시아인 남성'은 전 세계에서 가장 매력이 없는 족속으로 분류돼 왔다. 꽤 많은 인종이 등장해 왔던 다인종 국가 미국의 영화에서조차 동그란 안경을 쓰고 배가 불룩 나온 채로 러닝셔츠를 걸친 채 빨래를 널고 있는 '찐따 아재'로 묘사되거나, 그보다 나아 봐야 차이나타운을 주름잡는 잔인한 갱단의 비열한 두목으로 나올 뿐이었다. 그런데 지금은 바로 그 동아시아의 젊은 남성들로 구성된 '보이 밴드'[14]에 전 세계 Z세대 남녀가 열광하고 있다.[15] 이는 이규탁의 지적대로 BTS가 소셜 미디어와 유튜브 등의 플랫폼에서 애초에 비슷한 또래의 전 세계 Z세대와 소통하고 교감하면서 성장해 왔기 때문이기도 하지만, 그 모든 것에 앞서 Z세대가 인종이나 성별, 다른 문화나 언어 그리고 성 정체성 등을 그저 다양성으로 받아들이고 있었기에 가능했던 일이다. 사실 BTS의 멤버들은 굉장히 '예쁘장한' 외모를 갖고 있어서(물론 멤버 중 한 명인 정국의 복근은 '어마무시'하지만) 기존 서구권 문화에서는 '게이 같다'는 말이 먼저 나올 가능성이 크고, 실제로도 그런 오해를 받았을 가능성이 큰 사람들이다. 하지만 성 정체성이나 성별을 중요한 요소로 생각하지 않는 글로벌 Z세대에게 BTS는 자신들과 비슷한 고민을 하고 음악으로 아픔을 달래 주는 동시대인이자 아름다운 외모를 가진 사람들일 뿐이었다.

유튜브의 수많은 'BTS 리액션reaction' 영상 중 하나인,

BTS의 〈ON〉 뮤직비디오를 보는 팬들의 모습을 모은 영상을
재생해 볼 것을 권한다. BTS 팬 사이에서 특히 활성화돼 있는
리액션 비디오는 유명 가수들의 뮤직비디오나 공연 영상이
업로드되면 팬들이 그 영상을 보면서 놀라고 감탄하고 즐거
워하는 자신의 반응을 담아 올리는 영상이다. BTS의 경우 각
국의 팬들은 그런 영상을 보고 각자 자신의 나라 언어로 자막
을 달아 유튜브에 공유하기도 하고, 리액션 비디오만 모아서
다시 편집해 영상을 올리기도 한다. 이건 그들에게 귀찮거나
억지로 해야 하는 힘든 작업이 아니라 즐거운 놀이다. 이런 점
에서 BTS는 단순한 가수가 아니라 그 자체로 하나의 미디어
이자 놀이 공간, 즉 플랫폼이 된다. 이것이 바로 완전히 연결
된 세상에서 지구인으로서 살아가는 Z세대의 놀이 방식이다.
이들은 BTS의 뮤직비디오 장면에 숨은 의미를 공부하기 위
해 BTS가 영향을 받은 철학 책을 읽기도 하고, 원어의 느낌을
제대로 이해하기 위해 한국어를 공부하기도 한다. '문화와 언
어의 다양성'을 자연스럽게 받아들이고 즐기는 세대가 아니
라면 쉽지 않았을 일이다.

  '글로벌 BTS 현상'에 대한 이해야말로 Z세대의 비밀을
풀 수 있는 열쇠다. 이것이 프롤로그를 BTS 이야기로 시작한
이유다. 사실 필자도 처음 Z세대를 들여다보면서 이들을 제
대로 이해하기가 쉽지 않았다. 그러다가 '혹시 Z세대가 좋아

한다는 BTS를 좀 알아보면 이해가 되지 않을까'라는 생각으로 뮤직비디오와 공연 영상을 보기 시작했고, 본래 의도대로 Z세대를 이해할 수 있는 힌트를 얻은 것은 물론 그들의 놀라운 실력과 훌륭한 음악에 푹 빠져들며 '입덕'하게 되었다.

이러한 Z세대의 글로벌 정체성은 이 글에서 Z세대의 출생 연도를 국가에 따라 다르게 정의하지 않는 이유이기도 하다. X세대, 밀레니얼 등은 국가마다 출생 연도가 다르게 정의되는 것이 일반적이지만, Z세대는 다르다. 미국과 한국이 같은 세대명을 쓰기 시작한 X세대 이래로 양국 해당 세대 구성원의 출생 연도 차이는 점차 줄어들어 Z세대에 이르면 미국은 1996년생, 한국은 1997년생부터 시작한다. 즉, 그간 사회적으로 겪은 사건의 차이 때문에 각 세대의 출생 연도가 국가별로 차이가 났지만, 이 격차는 좁혀졌고 이제는 사실상 동일해졌다는 뜻이다. 그렇기 때문에 이미 인터넷과 모바일로 완전히 연결되고 정치 경제적으로 동조화된 세계를 살아 온 '지구인' Z세대의 출생 연도에 굳이 국가별 차이를 둘 필요는 없을 것이라는 게 필자의 생각이다.《밀레니얼-Z세대 트렌드 2020》은 '한국의 Z세대'를 별도로 떼어 내 '1997년부터 2010년 사이에 출생한 이들'로 규정하지만, 이 책에서는 제프 프롬과 앤지 리드의 정의에 따라 Z세대를 1996년~2010년 출생자로 규정한 이유다.

미국의 세대 구분과 성장기 주요 사건

세대별 출생 시기	침묵 세대	베이비 붐 세대	X세대	Y세대 (밀레니얼)	Z세대
	1925~1945	1946~1964	1965~1978	1979~1995	1996~2010
성장기의 주요 사건	• 대공황 • 더스트 볼 • 2차 세계 대전 • 매카시즘	• 베트남 전쟁 • 우드스톡 • 민권 운동 • 케네디 암살 • 워터게이트사건 • 우주 탐험	• 베를린 장벽 붕괴 • 챌린저호 사고 • AIDS • MTV • 이란 인질 사태 • 걸프 전쟁	• 9.11 테러 • 콜럼바인총격 사건 • 소셜 미디어 • 비디오 게임 • Y2K	• 경기 대침체 • IS • 샌디훅 초등학교 총격사건 • 동성 결혼 합법화 • 흑인 대통령 당선 • 포퓰리즘 부상

*《최강소비권력 Z세대가 온다》

한국의 세대 구분과 성장기 주요 사건

세대별 출생 시기	묻지 마라 세대	베이비 붐 세대	X세대	Y세대 (밀레니얼)	Z세대
	1920~1954	1955~1969	1970~1983	1984~1996	1997~2010
성장기의 주요 사건	• 일제 징용·징병 • 좌우 대립, 한국전쟁 • 민주 혁명·쿠데타 • 베트남 파병 • 경제 개발 1세대	• 교육 확산 • 급속한 경제성장 • 산업화·도시화 • 군부 독재 • 민주화 1세대	• 1988 서울 올림픽 • 해외여행 자유화 • 대통령 직선제 • PC·인터넷 • 문화 개방 1세대	• 정권 교체 • IMF 경제위기 • 인터넷·휴대폰 • 2002 월드컵 • 디지털 1세대	• 경제 위기 상시화 • 세월호 사건 • 국제 분쟁 • 한류·뉴트로 • 공유 1세대

*《밀레니얼-Z세대 트렌드 2020》

젊은 몸에 깃든 오래된 영혼

2008년의 미국발 금융 위기에서 시작해 2010년 유럽 재정 위기까지 이어졌던 글로벌 경기 침체는 Z세대 전체를 관통하는 큰 사건이었다. 미국과 유럽의 Z세대에게만 국한돼 벌어진 일이 아니라 전 세계 Z세대에 영향을 끼쳤다. 세대 전문가 제프 프롬은 2019년 초 필자와의 이메일 인터뷰에서 Z세대는 젊은 몸에 오래된 영혼이 깃들어 있는 것처럼 보인다고 지적했다. 이들 세대가 한편으로는 경제적 보수성을, 다른 한편으로는 기존 관성과 관행을 깨는 혁신성을 동시에 지니고 있다는 것이다. 모바일 네이티브로서 글로벌한 소통을 즐기고 창의성도 뛰어나지만, 10대나 20대 초반의 청소년·청년들이 보여 주는 이른바 '이유 없는 반항'과 같은 일탈 행위는 거의 없고 경제관념도 이전 세대가 10대였을 때에 비해 더 철저하다는 뜻이다.

2014년 코트라KOTRA 미국 워싱턴 무역관에서 발간한 한 보고서는 신중하고 다소 '애 늙은이'같은 이런 Z세대의 특성을 잘 짚어 냈다. 보고서에 따르면 Z세대는 2001년 9.11 테러 이후 계속되는 전쟁 속에서 성장했고, 이로 인해 안보에 대한 경각심이 밀레니얼 세대보다 발달했다. 한편 그 이전 세대에 비해 소비와 투자에는 신중한 성향을 보인다. 여기에는 금융 위기로 부모가 일자리나 집을 잃는 경험을 한 것이 크게 작용하고 있었다.[16] 보고서가 인용한 미국의 컨설팅 기업 인텔리전스 그룹의 조사 결과에는 Z세대 57퍼센트가 '기대하지 않던 돈이 생기면 바로 지출하기보다 저축하겠다'고 대답한 것으로 나온다. 미국 대형 투자 은행 골드만삭스의 연구에 사용된 한 설문 결과에 의하면 Z세대의 60퍼센트가 '많은 돈'이 성공의 증표라고 생각하고 있었다.[17]

Z세대의 이런 '애 늙은이' 성향은 경제관념에서만 나타나지 않는다. 경제 잡지 《포브스》에서 한 전문가는 Z세대는 X세대와 밀레니얼 세대가 10대였을 때에 비해 조심성이 훨씬 커서 이전 세대 10대에 비해 문제를 일으키는 비율 역시 현저히 낮다고 지적했다. 실제로 미성년 음주는 Z세대가 청소년기를 지나면서 지속적으로 감소 추세에 들어섰고, 10대 출산율 역시 감소했다.[18] 영국에서도 이와 같은 현상이 나타났다. 전문가들의 말을 종합하면, 현재 Z세대가 상당수를 차지하고 있는 지금의 10대는 이상할 정도로 반항과 일탈을 하지 않는다. 특히 미국의 Z세대는 역사상 마약과 파티를 가장 즐기지 않는 세대다. 한국도 크게 다르지 않다. 한국의 교육부, 보건복지부, 질병관리본부가 공동으로 조사한 결과에 따르면, 2007년 13.3퍼센트였던 중고등학생 흡연율은 꾸준히 하락해 2013년에 처음 10퍼센트 이하(9.7퍼센트)로 떨어졌고 2017년에는 6.4퍼센트로 감소했다. 음주율도 2007년에는 27.8퍼센트였

지만 2012년 19.4퍼센트로 20퍼센트 이하가 되며 2017년에는 16.1퍼센트로 줄어든다.[19]

이는 스마트폰을 비롯한 각종 디바이스를 통해 집에서도 취향이나 나이대가 비슷한 전 세계의 친구들과 어울려 재밌게 놀 수 있기 때문이기도 하지만, 더 중요하게는 Z세대가 유년기 때 일자리를 잃은 부모와 함께 '생존'하면서 금융에 대한 이해력을 키웠고, 자산 관리의 중요성과 방법론을 확실하게 익혔으며, 그 과정에서 다소 보수적이고 안정 지향적인 경제관념을 갖게 됐기 때문이기도 하다. 또 부모와 함께 어려운 시기를 헤쳐 나오면서 가족을 중시하는 성향도 강해졌기에 일탈과 반항이 자연스러웠던 이전 세대의 10대와는 다른 사고방식과 행동 패턴을 보일 수밖에 없었다는 분석이다.

Z세대의 가치관에는 전통적 가치와 비전통적 가치가 혼재돼 있다. 다소 보수적인 행동 패턴, 가족 형성에 높은 우선순위를 두는 것, 개인의 성공에 대한 관심, 돈 관리 요령 등은 앞서 언급했듯 부모와 함께 뚫고 지나온 경제 위기와 연관돼 있다. 전통적인 성 관념이나 성별 구분 등을 따르지 않는다거나, 지역 단위가 아닌 전 지구적 사고를 바탕으로 취향에 따라 인종·성별·국적에 상관없이 온라인상에 모여 소통하는 것, 또 그런 방식으로 환경이나 빈곤과 같은 글로벌 이슈에 공통의 관심을 갖고 함께 행동하기도 하는 모습 등은 이들이 추

Z세대가 동시에 지닌 전통적 가치와 비전통적 가치

전통적 가치	비전통적 가치
보수적 행동	자유주의적인 시각
개인의 성공을 위해 매진	다수결의 원칙 및 소속 그룹의 의제 수용 여부에 따라 움직임
브랜드 상품에 관심	자신만의 취향과 자아 정체성을 추구하는 성향
가족 형성에 높은 우선순위를 둠	성적 선호에 대한 전통적 관념을 따르지 않으려는 욕망
교육을 가치 있는 것으로 생각함	기업가적 마인드와 기술을 중시
돈 관리 요령 및 상식을 갖고 있음	지역 단위가 아닌 전 지구적 사고

*《동아비즈니스리뷰》269호

구하는 비전통적 가치를 보여 준다. 전 지구적인 소통과 다양성의 수용, 뉴미디어 및 소셜 미디어 환경이 이들의 혁신적이고 창의적인 사고방식 그리고 비전통적인 가치관을 만들어 냈지만, 다른 한편으로는 정치 경제적으로 동조화된 세계에서 각국의 또래 그리고 자신의 가족과 함께 테러나 경제 위기 등을 직간접적으로 겪으면서 전통적인 가치도 중시하게 됐다는 의미다.

반드시 짚어야 하는 특성은 Z세대가 전통적 가치 중 교육을 가치 있는 것으로 생각한다는 점과 비전통적 가치 중 기업가적 마인드를 갖고 있고 기술을 중시한다는 점이다. Z세대 전문가인 IBM의 이한규는 필자와의 인터뷰에서 Z세대가 교육에 관해 갖고 있는 가치관을 분석했다. 밀레니얼 세대까지만 해도 학자금 대출을 받아서라도 대학에 가려고 했고, 졸업 후에는 경영전문대학원MBA 등을 가야 한다고 생각을 하는 경우가 많았다. 그러나 IBM의 여러 조사 자료, 컨설팅 현장에서 Z세대를 직접 만나 본 경험을 종합하면 이들은 학위를 반드시 취득해야 한다는 생각이 없는 것으로 보인다. 대신 Z세대는 대학에 입학해서 졸업할 때까지 들어가는 비용을 본인이 직접 계산해서 '이 비용을 그냥 한 번에 나한테 투자하시는 게 어떠냐'고 부모한테 되묻는다. 굳이 대학을 갈 필요 없이 자신이 하고 싶은 일이나 공부하고 싶은 분야에 바로 투자해 달라고 요청하는 것이다. 실용적인 경험과 지식이 Z세대가 가치 있게 생각하는 교육이라고 할 수 있다. 흥미로운 점은 보통 X세대(한국의 경우 전기 X세대)인 Z세대의 부모는 이전의 베이비 부머 세대와 달리 '안 돼!'라고 말하지 않고 실제로 같이 고민한다는 것이다. 이는 어린 시절부터 다양한 루트로 세계 각국의 소식을 자신의 일처럼 접하고, 온갖 동영상으로 많은 공부를 했으며 심지어 인터넷과 모바일을 통해 돈을 버는 등 경제 활동을 해보기도 한 자녀 세대의 능력을 부모 세대 상당수가 인정한다는 뜻이기도 하다. 이는 다음 장에서 다루게 될 이들의 구매력과도 관련이 깊다.

Z세대의 기업가적인 마인드는 이들 세대 다수가 소셜 미디어 플랫폼, 유튜브 등을 통해 상거래를 하기도 하고 구독자 수를 늘려 돈을 벌기도 하는 과정에서 다양한 비즈니스 아이템을 고민하면서 형성됐다. 이전 세대의 10대 청소년들, 20대 초반 대학생들은 주로 레스토랑이나 카페에서 서빙을 하는 아르바이트를 했지만, Z세대는 자신의 능력을 활용해 단기간에 많은 수익을 얻을 수 있는 각종 과외를 하거나 온라인으로 중고 제품을 거래하고 있는 것으로 나타난다.[20]

이는 정해진 성공 루트를 따르던 이전 세대와 달리 실제 적용 가능한 기술을 중시하고 기업가 정신으로 무장한 세대를 탄생시켰다. Z세대는 교육을 가치 있다고 생각하는 전통적 가치를 가졌지만, 이들이 생각하는 교육은 기존의 정규 과정이라기보다는 유수 대학의 무료 온라인 강좌, 유튜브 속 전문가 강의, 현장에서의 직접 경험 등을 포괄하는 개념에 가깝다. 2019년 방송된 TV 예능 프로그램 〈슈퍼밴드〉는 이러한 성향을 제대로 보여 준다. 준프로급 악기 연주자와 보컬들(거의 대부분이 Z세대다)이 나와 오디션을 치르면서 하나의 밴드를 꾸려 가는 과정을 보여 주는데, 참가자 개개인의 사연을 들

여다보면 Z세대의 특성이 너무도 잘 드러난다. 참가자 다수
는 비싼 돈을 내고 레슨을 받은 것이 아니라 스스로 어떤 악
기에 '꽂혀서' 주로 유튜브를 보면서 연습하고 각종 경연에
참가해 실력을 키워 왔다. 또 참가자 다수는 아예 대학을 가지
않았거나 줄리어드, 버클리 음악 대학 등 최고 명문대를 다니
다가 중퇴하고 '내가 하고 싶은 음악을 비슷한 취향의 사람과
어울리면서 행복하게 하고 싶어서 나왔다'고 밝혔다.

나를 이해해 주는 부모

제프 프롬 등에 따르면, 이전 세대의 10대들과 달리 Z세대는
부모를 신뢰하고 자신들의 관심사를 스스럼없이 공유하며 부
모와 함께 음악, 영화, TV 프로그램을 즐긴다. 실제로 BTS 공
연에 X세대 부모와 Z세대 자녀가 함께 가는 경우도 많다. 이
는 부모 입장에서도 건전하게 꿈과 희망을 노래하는 BTS의
음악을 별 거부감 없이 받아들일 수 있기 때문이기도 하다. 그
러나 인종과 언어의 장벽을 뛰어넘어 음악이 담고 있는 내용
을 알기 위해서는 꽤 긴 시간 자녀와 교감했어야 한다는 점을
감안하면 부모와 자식 간에 강한 친밀성이 있기 때문이라고
볼 수 있다. 이를 고려하면 Z세대가 가장 중요한 롤 모델로 자
신의 부모를 꼽았다는 마케팅 전문 기업 센시스의 2016년 조
사 결과도 놀랄 일은 아니다.

통계를 보면 이러한 친밀감을 바탕으로 Z세대가 부모의 소비에도 매우 큰 영향을 끼치고 있음을 확인할 수 있다. 식품·음료와 같은 저관여 제품군이나 외식처럼 함께 하는 소비뿐 아니라 가구 구매(76퍼센트), 전자 제품 구매(61퍼센트), 여행 선택(66퍼센트) 등 고관여·고가 제품 및 서비스 구매에도 매우 큰 영향력을 발휘하고 있다. Z세대의 거의 대다수가 10대였던 2015년 글로벌 마케팅 에이전시에서 발표한 '카산드라 리포트'에 따르면 조사 당시(2015년) 기준으로 부모의 93퍼센트가 '자녀가 가계 지출에 큰 영향을 미친다'고 대답했을 정도다. 이러한 조사 결과를 토대로 Z세대가 소비에 미치는 영향을 수치화하면 미국에서만 최대 7500억 달러(890조 6250억 원)에 이른다는 분석도 나온다.

Z세대가 아니더라도 10대가 부모의 구매에 미치는 영향은 분명히 존재해 왔다. 아이를 데리고 쇼핑을 나가면 엄마들은 평균 30퍼센트 더 많은 돈을 쓰며, 한 설문 조사에 따르면 42퍼센트의 부모가 특정한 제품을 사기로 마음을 먹은 자녀의 고집에 끝내 무릎을 꿇었다고도 한다.[21] 하지만 Z세대와 그 부모의 관계는 이런 일반적인 패턴과는 조금 다르다. 대개 10대들은 자라면서 부모의 영향력에서 벗어나고 싶어 하지만, Z세대는 앞서 설명했듯 부모를 비롯한 가족들이 재정적으로 어려움을 겪는 모습을 지켜보면서 자랐고, 신중한 소비

자로 성장했다. 따라서 돈과 관련된 일에서는 부모의 의견을 잘 따르고 의견을 자주 주고받는다. 부모 역시 자녀인 Z세대를 신뢰한다. 모바일 네이티브로서 연결된 세상에서 늘 스마트폰을 쥐고 5~6개의 디바이스를 멀티태스킹하며 정보를 취합해 합리적인 가격의 좋은 제품을 추천해 줄 수 있는 자녀들의 능력을 믿는 것이다. 앞서 언급한 미국 이민의 비유를 다시 떠올려 보자. 미국에 이민을 간 부모는 비록 그곳에서 돈을 벌어 자식을 키우고 있지만, 물건을 사고 여행지를 찾고 다양한 문화생활을 하는 모든 것에 대해서는 미국에서 태어나 그 나라를 훨씬 더 잘 알고 있고 언어도 완전히 네이티브로 구사하는 자녀를 신뢰하며 도움을 요청할 것이다. 디지털 세계의 이민자인 X세대(Z세대 부모)도 물론 스스로 공부하면서 할 수는 있지만, 편하게 도움을 줄 수 있는 자녀를 두고 굳이 모바일 세상에서 넘쳐나는 정보를 걸러 가며 구매 여정에 나서진 않는다는 의미다. X세대의 경우, 어린 시절에 부모가 구매하는 고가의 제품은 물론 간단한 저녁 메뉴에 대해서조차 별다른 발언권이 없었다. 반면 상호 신뢰 속에 친구 같은 부모 자식 관계를 구축한 Z세대와 부모는 서로 영향을 주고받으면서 함께 소비하고 있다.

앞서 Z세대는 전 지구적으로 비슷한 성향을 보인다고 설명했는데, 한국에서 조사한 결과를 보면 부모와의 친밀성

Z세대가 가족 지출에 미치는 영향
다음 중 어떤 품목에서 본인의 용돈을 사용하거나
부모의 지출에 영향을 미칩니까?

본인의 용돈 지출		가족의 지출에 영향을 미침
55%	의류 및 신발	60%
52%	도서 및 음악(실물 구매)	41%
52%	애플리케이션	20%
50%	장난감 및 게임	30%
48%	이벤트 및 나들이	48%
43%	개인 위생	55%
42%	전자 제품	61%
42%	외식	63%
37%	디지털 스트리밍	37%
31%	스포츠 장비	47%
26%	식품 및 음료	77%
26%	여행	66%
18%	가정용품	73%
16%	가구	76%

* IBM기업가치연구소·전미소매협회, 〈유일무이한 Z세대(Uniquely Gen Z)〉

이 한국에서도 나타나고 있음을 알 수 있다. '청소년 시기 부모와의 관계가 좋은 편이었다'는 답변의 비율이 밀레니얼 세대나 X세대 등 타 세대에 비해 크게 높다. 그 다음으로 높은 것은 1차 베이비 부머 세대, 즉 현재 50대 중후반 나이대의 사람들인데, 이는 과거를 아름답게 회상하려는 이른바 '추억 보

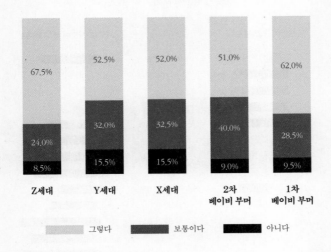

청소년 시기 부모와의 관계
청소년 시기 부모와의 관계가 좋은 편

	Z세대	Y세대	X세대	2차 베이비 부머	1차 베이비 부머
그렇다	67.5%	52.5%	52.0%	51.0%	62.0%
보통이다	24.0%	32.0%	32.5%	40.0%	28.5%
아니다	8.5%	15.5%	15.5%	9.0%	9.5%

■ 그렇다   ■ 보통이다   ■ 아니다

총 1000명 조사, 각 세대별 200명
*《2020 트렌드모니터》

정'이 이뤄졌거나 어려웠던 시절 헌신했던 자신의 부모 세대
에 대해 존경하는 마음을 드러내는 것, 혹은 둘 다인 것으로
풀이된다.

Z세대와 부모 사이의 관계가 좋은 것은 Z세대가 부모
와 함께 글로벌 금융 위기와 경기 침체 등 어려운 시기를 함
께 돌파하면서 동지애를 가졌기 때문이기도 하지만, 부모들

이 여러 의사 결정 상황에서 Z세대가 원하는 대로 공감하고 수용하는 태도를 보였기 때문이기도 하다. 실제로 조사 기관인 마크로밀 엠브레인의 세대별 조사 결과를 보면, Z세대는 청소년기에 부모의 영향을 받기보다 스스로 주도적으로 의사 결정을 해본 경험이 다른 세대에 비해 높은 편이었다.[22]

리뷰와 해시태그의 힘

이제 Z세대 일부가 본격적인 경제 활동을 하기 시작했다. 이전까지 부모와 가족에 대한 구매 영향력을 갖고 있던 모바일 네이티브 세대가 본격적으로 구매 권력을 갖게 됐다는 뜻이기도 하다. Z세대의 멀티태스킹 및 정보 검색 능력, 후기를 보고 광고성 후기와 진짜 솔직한 후기를 걸러 내는 능력 등은 구매 권력을 더 강화한다. 이들은 전자 상거래의 지배자인 아마존Amazon과 함께 성장했다. 아마존에서 리뷰를 읽으면서 소비해 왔고, 자신들도 글을 남긴다. 리뷰 문화는 블로그와 소셜 미디어, 유튜브 등에서 각 플랫폼에 맞는 형태로 다양하게 발전했다. 물건의 개봉기와 사용기, 각종 서비스의 경험 후기를 올리는 걸 전문으로 하는 리뷰어(심지어 Z세대 또래도 많다)도 많다. 어릴 때부터 이런 리뷰와 사용기, 경험기를 보고 듣고 스스로도 남기면서 자라 온 Z세대에게 진짜와 가짜, 협찬성 리뷰와 실사용기 리뷰 구분 등은 결코 어려운 일이 아니다. 제품과 서비스의 장단점을 정확히 파악해 소비에 나서니 이들 세대의 구매 권력은 역사상 최고일 수밖에 없다. 기업이 할 수 있는 일이 별로 없을 정도다.

이전에는 연예인, 스포츠 스타 등 최고의 셀러브리티를 동원해 광고를 하면 물건이나 서비스를 판매할 수 있었다. 제품을 소비함으로써 어떤 상징과 이미지를 얻게 되는지 그럴싸하게 포장해 설득할 수 있었던 것이다. 밀레니얼 세대부터 이 방식은 슬슬 힘을 잃어 갔는데, Z세대에 이르면 말 그대로 아무런 소용이 없게 된다. Z세대 중 대다수가 아직 10대였던 2015년의 카산드라 리포트에서도 이미 Z세대는 광고에 등장하는 연예인보다 일반인을 통한 마케팅을 선호한다는 결과가 나왔다. 이를 알고 있는 기업들은 현재 일반인 인플루언서[23], 즉 마이크로 인플루언서로 불리는 이들과 협업하고 있다. 마이크로 인플루언서는 보통 최대 수천 명대의 팔로워를 갖고 있는 인플루언서를 말한다. 마이크로 인플루언서들은 각 분야의 전문가인 경우가 많고, 팔로워와의 사이에 쌓은 신뢰를 바탕으로 여러 사용 후기나 추천 여부 등을 공유하기 때문에 Z세대의 구매를 촉진하는 데 가장 중요한 인플루언서 집단으로 분류된다. 하지만 마이크로 인플루언서를 찾아내 활용하고자 하더라도, 기업의 후원이나 협찬이 노골적으로 드러나는 순간 Z세대로부터 외면당할 가능성이 커진다. 기업 입장에서는 매우 조심스러울 수밖에 없다. 인플루언서를 통한 마케팅에서도 권력은 여전히 Z세대에게 있다.

검색 및 탐색 능력과 함께 Z세대가 가진 또 하나의 무기는 해시태그다. 광고 회사 브라이언에잇 대표 김동욱은 저서에서 해시태그의 위력을 설명한다. 광고 회사 창업 후 디지털 마케팅 분야에서 항상 고전하다가 처음 성공한 사례가 해시태그를 활용한 이벤트였다는 것이다. 10대들이 자발적으로 '인싸어'를 쓰면서 직접 자신의 소셜 미디어에 해시태깅을 하도록 만든 것이 성공 요인이었다. 다양한 맛과 향의 우유를 프로모션하는 이벤트였는데, 처음에는 끝까지 보게 되는 재미있는 광고 영상을 만들면 사람들이 해시태그를 달아 영상을 공유할 것이라고 생각했지만 그런 방식은 통하지 않았다. 그래서 젊은 직원들의 아이디어를 받아들여 우유마다 '인싸어(예를 들면 '존맛탱')'에 많이 쓰이는 글자 하나씩을 넣어 소비자가 두세 개를 한꺼번에 구입해서 자신의 상태나 기분을 나타내는 단어를 완성하고 해시태그를 달도록 했다. '칼퇴'를 하고 싶은 Z세대가 편의점에서 '칼'이라는 글자가 박힌 우유, '퇴'라는 글자가 박힌 우유를 각각 하나씩 사서 연결한 뒤 인스타그램 등 소셜 미디어에 사진을 찍어 올리는 식이다. 굳이 해시태그를 강요하지 않아도 이 과정에서 사람들은 자연스레 우유 브랜드와 프로모션 이벤트명을 해시태깅했다.[24] 단순한 우유 구매가 아닌 '놀이'가 되었기 때문에 가능한 일이었다. 이러한 소셜 미디어상의 해시태깅은 매우 위력적일 수밖에 없다. 해시태그를 다는 행위는 나와 전혀 상관없는 사람도 검색을 통해 내가 제공하는 정보를 보도록 만드는 행위이기 때문이다. 이제는 '해시태깅에 실패하면 물건이 팔리지 않는다'는 얘기가 나올 정도다. 취향이 비슷한 친구나 또래와 소셜 미디어로 끊임없이 소통하는 Z세대에게는 그때그때의 '대세'가 중요하고, 해시태그는 그 대세가 무엇인지 알려 주는 것이기도 하다. 해시태그는 Z세대 소비자의 무기다. 만약 어떤 제품이나 서비스에 실망해 그 분노나 실망감을 해시태그로 올리기 시작한다고 생각해 보라. 그때부터는 재앙이 시작되는 것이다.

검색·탐색 능력, 뛰어난 '후기 필터링' 능력, 자신과 소통하는 인플루언서나 동료 그룹의 추천을 중시하는 성향, 해시태그로 모든 것을 말하는 방식에 이르기까지 Z세대는 소비자로서 엄청난 무기를 쥐고 있다. 이들의 '절대 권력'은 여기에서 나온다. 이렇게 무서운 소비자들에게 어떻게 접근할 것인가. 이제 그 이야기로 넘어가 보자.

경험 지향성, 온오프라인 경계를 허물다

미국에 사는 40대 중반의 X세대 A씨는 2019년 초 수상 안전 요원 교육을 받고 자격증을 취득했다. 교육 과정 참여자들은 그를 제외하고는 모두 미국의 Z세대였는데, 그는 이들 세대의 재미있는 특징 하나를 발견했다. 40대 중반인 자신은 한마디라도 놓칠세라 수업에 집중하는데, 함께 교육받는 Z세대들은 '미리 어디서 공부를 다 하고 왔나' 싶을 정도로 대부분 무관심한 태도로 일관했다. 이론 수업 시간에는 시큰둥한 반응을 보이던 Z세대는 경험을 통해 학습하는 시간, 즉 실습이 시작되자 눈빛이 바뀌었다. 그 어느 때보다 열정적이었다. A씨는 "그들에게 지식은 언제든 검색해서 찾아볼 수 있는 것이지만, 경험은 내가 지금 몸으로 겪지 않으면 영영 알 수 없는 것이어서가 아닐까 싶었다"고 말했다.

Z세대는 여러 측면에서 밀레니얼 세대와 유사한 특성을 공유하지만, 어떤 부분에서는 상당히 다른 행동 패턴을 보인다. 그중 하나가 오프라인 경험 지향성과 오프라인 구매력이 강하다는 점이다. HRC 리테일 어드바이저리의 2018년 조사에 따르면 당시 10대, 즉 미국 Z세대의 72퍼센트는 최소 한 달에 한 번 오프라인 쇼핑몰을 찾는다. 모바일 네이티브로서 모든 구매·소비 활동을 온라인 및 모바일에서 해결할 수 있음에도 오프라인을 찾는 이유는 '즉각적인 만족감', '편리한

서비스', '(옷을 구매할 경우)피팅 룸의 존재' 등이었다. 이처럼 물리적인 경험과 눈과 손으로 직접 체험하는 것을 선호한다는 점은 밀레니얼 세대와 Z세대가 구분되는 지점이다. 앞서 언급한 수상 안전 교육 일화는 Z세대의 경험 중시가 쇼핑에만 국한되는 것이 아님을 보여 준다. 리테일 퍼셉션스의 연구에 따르면 Z세대의 62퍼센트는 물질보다 경험에 돈을 쓰는 걸 선호하며 50퍼센트는 매주 친구들과 다양한 경험을 하는 데 돈을 소비한다. 마케팅 에이전시 바클리 관계자는 Z세대는 '경험 수집가'이고, 그 경험을 친구나 팔로워들 사이의 인기를 늘리는 데 활용한다고 설명한다.[25]

이런 현상은 한국에서도 나타나고 있다. 우선 쇼핑, 오프라인 매장과 관련한 부분부터 살펴보자. 한국의 경영 현장에서 소비재, 유통 분야 컨설팅을 하는 이들의 말을 종합해 보면, 밀레니얼 세대는 오프라인 매장 자체를 거의 외면하다시피 했던 반면 철저한 '모바일 네이티브'인 Z세대는 여러 형태의 오프라인 매장에 나타나기 시작했다. 컨설턴트이자 Z세대 전문가 이한규는 인터뷰에서 자신이 컨설팅했던 한 뷰티 회사의 사례를 들려줬다. 연령대별로 브랜드를 세분화해 관리하고 있는 이 기업은 10~20대 타깃 브랜드의 오프라인 매장을 밀레니얼 세대가 외면하면서 큰 위기를 겪었다. 그런데 최근 Z세대가 10~20대 중반이 돼 해당 브랜드의 주 고객이 되자 분위기가 바뀌었다. Z세대는 이전 세대에 비해 오프라인 매장을 더 많이 찾고, 오프라인 매장에서 직접 결제하고 구매한다. 단순히 10대는 카드가 없어서 현금으로 구매해야 하기 때문에 오프라인에서 소비한다는 생각을 해볼 수도 있지만, 그것만으로는 10~20대 대상 오프라인 뷰티 매장이 어떻게 이전 세대가 같은 연령대였을 때보다 더 활성화됐는지를 설명할 수 없다. 이한규는 Z세대가 제품을 눈으로 직접 확인하고, 원할 때 빠르게 구매하는 것에 큰 가치를 두고 있다고 분석한다. 아무리 당일 배송, 새벽 배송이 있더라도 내가 사고 싶을 때 가져야겠다는 마음이 밀레니얼 세대에 비해 강하다는 것이다. 철저하게 '가성비(가격 대비 성능)' 위주의 소비를 하다가 종종 과시형 소비를 통해 욕망을 충족했던 밀레니얼 세대와 달리 Z세대는 원하는 것을 원하는 타이밍에, 추구하는 가치까지 고려하면서 사는 '가심비(가격 대비 마음의 만족도)'를 중시한다. 가심비를 위해 오늘 오프라인 매장에서 제품을 구매했다면 며칠 뒤 온라인 매장에서 같은 물건이 몇 천 원 더 싸게 팔리고 있는 것을 알게 되더라도 개의치 않는다는 의미다.[26] 즉각적인 만족을 위한 가심비 소비 성향은 밀레니얼 세대에 비해 Z세대에서 다소 강하게 나타나고 있다.

Z세대는 밀레니얼 세대가 외면했던 휴대폰 매장에도 다시 나타나기 시작했다. 특정 스마트폰이 특정 시기에 저렴

'내 관심과 기분'을 위한 소비 태도 비교

최근 6개월 이내 내가 덕질하는 대상이나 관심사와 관련된 굿즈를 구매한 적이 있다.

48.7%

64.1%

최근 3개월 이내 즉각적인 기분 전환을 위한 소비를 경험한 적이 있다.

61.9%

68.3%

밀레니얼 세대　　　Z세대

총 300명 조사
*《동아비즈니스리뷰》269호

한 값에 풀리는 '대란'에 '탑승'하는 형태로 휴대폰마저 철저하게 온라인 위주로 구매하던 밀레니얼 세대와 달리 Z세대는 직접 경험하고 만져 보기 위해 휴대폰 매장을 찾는다. 이는 Z세대에게는 가상과 현실, 온라인과 오프라인의 구분 자체가 없기 때문이다. 이들 입장에서는 태어난 이후로 세상의 네트워크가 '오프'된 적이 한 번도 없다. 온라인 상점과 오프라인 상점을 크게 구분하지 않는 이유다. 가상 공간과 현실 공간을 엄밀히 구분하지 않고, 스마트폰 안에 존재하던 매장이 내가 가는 길에도 물리적인 형태로 존재하고 있을 뿐이라고 생각한다는 뜻이다. 그렇다 보니 오히려 밀레니얼 세대보다 오프라인 매장에 대한 거부감이 적다. 다만 이들은 온라인이나 모바일에서 자연스럽고 편한, 직관적인 UX와 UI를 가진 앱이나 소프트웨어가 아니면 외면한다. 오프라인에서도 마찬가지로 자연스럽고 편하게 둘러보고 정보를 얻으며 체험을 거쳐 구매하길 원한다. 마치 은행 창구처럼 매장에 들어서면 직원이 앉아 있는 곳까지 가서 왜 왔는지를 밝혀야 하고, 부담스럽게 자신을 쫓아다니며 설명하고 꼭 구매해야 할 것 같은 분위기를 조성하는 지금의 한국 휴대폰 매장 구조는 경험을 위해 호기심 어린 눈빛으로 매장에 등장한 Z세대를 결코 붙잡을 수 없다.

밀레니얼 세대에서부터 가장 '힙'한 브랜드의 위치를 점해 온 애플과 애플 제품을 판매하는 오프라인 매장은 그런 면에서 Z세대를 위한 오프라인 매장의 정석을 보여 준다. 애플 매장에서 점원들은 고객이 이것저것 구경하고 체험하고 둘러보는 동안 적당한 거리에 서 있다가 오직 고객들이 무엇인가를 문의할 때에만 나서서 해박한 지식으로 설명하고 조언해 준다. '무엇이 필요하시냐'고 먼저 묻거나 따라다니지 않는다. 돌이켜 보면 온라인 쇼핑과 검색의 즐거움은 마음껏 제품을 들여다보고 유튜브를 통해 간접 체험을 하는 어떤 시간에도 누군가 나에게 말을 걸거나 귀찮게 하지 않는 데에 있다. 애플 매장은 그런 면에서 온라인과 오프라인의 경험의 이질성을 최대한 줄여 주는 방식으로 운영된다. 온오프라인의 구분이 큰 의미가 없는 Z세대를 사로잡기 위해서는 온라인에서의 편안한 경험이 오프라인에서 그대로 이어지고 두 채널이 잘 연결돼 있으면서도 상호 보완적인 성격을 가져야 한다.

밀레니얼 세대부터 이제 막 화장품에 눈을 뜬 Z세대에 걸쳐 글로벌한 인기를 끌고 있는 화장품 편집숍 세포라는 이런 공식을 따른다. 2019년 10월 한국에 첫 매장을 연 이래 점차 점포 수를 늘리고 있는 세포라는 글로벌 명품 기업 루이비통 모에 헤네시LVMH가 프랑스에 처음 연 뒤 34개국에 진출해 약 2300개(아시아 지역 약 350개) 매장을 보유한 화장품 편집숍이다.[27] 세포라 매장에서만 살 수 있는 브랜드들도 고객을 끌어들이는 데 큰 역할을 하지만 핵심은 온라인에서부터 이어지는 경험 그 자체다. 세포라는 자체 앱과 각종 영상을 통해 소비자가 자연스레 자신에게 맞는 화장품을 찾고 화장법을 익힐 수 있도록 돕는다. 앱을 통해 언제 어디서든 제품을 구매할 수 있는 것은 물론, '프리뷰'나 회원 전용 특별 행사에 참여해 가상 메이크업을 경험해 보고 때로는 예약을 한 뒤 매장에서 실제로 아티스트의 메이크업을 받을 수 있도록 해준다. 고객의 경험은 그대로 디지털 데이터로 남기 때문에 점차 맞춤형 제품 추천 등을 제공할 수 있다. 온오프라인에서, 특히 매장에서 3D 증강 현실 거울을 통해 제품을 사용해 화장을 했을 때의 모습을 미리 보여 주는 것은 구매하는 경험에 앞서 즐거움을 먼저 제공한다. 그리고 돌아오는 길에 인스타그램에 자신의 모습을 올리면 자연스레 해시태그를 통해 다른 고객이나 세포라 계정에 연결된 이들과 소통할 수 있다.[28] 세포라를 검색하면 수많은 고객들의 방문기가 나오는데, 널찍한 매장에서 점원을 비롯한 다른 이의 간섭 없이 다양한 경험을 하고 만족감을 느꼈다는 내용이 대부분이다. 온라인 경험이 자연스레 오프라인 경험으로 이어지고 이것이 다시 소셜 미디어 등을 통해 온라인에서의 경험 공유로 이어지는 과정을 보면 '모바일 네이티브'가 오프라인에서 어떤 경험을 원하는지 감을 잡을 수 있다.

아직 한국에는 온라인 사이트만 진출해 있는 의류 편집숍 어반 아웃피터스Urban Outfitters도 이와 유사한 방식의 온오프라인 경험을 제공한다. 어반 아웃피터스는 미국은 물론 한국을 비롯한 다수의 선진국에서 '아마존 효과'[29]로 오프라인 의류 매장이 어려움을 겪는 중에도 독보적인 위상을 차지하고 있다. 인테리어나 구성, 매장 직원들이 손님을 대하는 방식(도움이 필요할 때에만 전문적 지식을 갖고 도와주는), 각종 경험 공간의 배치 등이 '세포라의 옷 가게 버전'이라는 별명을 갖게 만들었다. 애플, 세포라, 어반 아웃피터스는 모두 밀레니얼 세대부터 열광을 이끌어 내 Z세대의 마음까지 사로잡은 브랜드다. 특히 Z세대가 밀레니얼 세대보다 더 선호하는 오프라인 경험을 경쟁 우위의 요소로 활용했다는 점은 마케팅 전략에서 반드시 참고할 만한 부분이다.

최근 한국을 대표하는 화장품 기업 중 하나인 아모레퍼시픽도 경험 공간 위주로 구성된 '아모레 성수'를 오픈해 Z세대의 마음을 사로잡기 위한 활동을 시작했다. 2019년 10월 문을 연 아모레 성수는 아모레퍼시픽의 30개 브랜드를 한 자리에 모아 뒀지만 물건을 판매하지는 않는다. 992제곱미터(300평)의 공간은 오직 방문객들이 편안하게 둘러보고 쉬면서 다양한 화장품을 체험할 수 있는 공간이다. 직원은 구매를 유도하는 것이 아니라 방문객이 정보를 물어볼 때에만 친절하게 알려준다. 아모레퍼시픽에 따르면 이곳은 판매가 아닌 '아름다움美'을 선사하는 공간이다. 세포라가 성공적으로 진행해 온 Z세대 공략을 이해하고 이들 세대를 위한 '경험 공간'을 만든 셈이다.[30]

취향 존중의 세대

Z세대를 상징하는 키워드는 한두 개가 아니지만, 누가 몇 개

를 꼽더라도 빠지지 않는 단어가 '취향'이다. 밀레니얼 세대부터 시작된 '취향 존중'의 가치관은 Z세대에 이르러 더욱 강화되었다. BTS나 케이팝의 열풍 역시 취향 존중 문화와 연관돼 있다.

BTS는 분명 엄청나게 성공하고 인기가 많은 글로벌 스타이지만, 사람들이 흔히 생각하는 것과 달리 Z세대 다수가 BTS의 팬인 것은 아니다. 마크로밀 엠브레인의 2019년 조사에 따르면, 한국 Z세대(16~24세)의 BTS 호감도는 44퍼센트로 25~32세(51퍼센트), 33~44세(54퍼센트), 45~54세(60퍼센트)에 비해 현저히 낮다.[31] 이는 앞서 BTS가 Z세대의 상징이자 이들이 가진 지구인 정체성의 핵심이라고 언급한 것과도 관련이 있다. Z세대가 향유하는 문화는 취향 중심의 연결이다. 이전에는 늘 '대세 가수', '대세 뮤지션'이라는 것이 있었다. 미국 팝과 로큰롤, 힙합에서도, 한국의 가요계와 음악계에서도 마찬가지다. 하지만 지금은 그때그때 '핫'한 뮤지션이나 가수, 아이돌은 있지만 세대 다수가 좋아하는 대세는 존재하지 않는다. 열성 팬을 보유하고 있는 아이돌 그룹이 한국에만 몇 팀이 있는지 생각해 보라. 그중 누가 대세이고 거의 모두가 좋아하는 그룹인지 지목하기는 어렵다. 그저 많은 이들이 각자 취향에 따라 '팬질', '덕질'을 하며 즐기고 있을 뿐이다. BTS는 아이돌 그룹 중 글로벌한 타깃에게 어필하면서 다소 넓은 취향을 공략했고, 상대적으로 두텁고 열성적인 팬층을 확보한 것이라 볼 수 있다.

케이팝 팬층이 글로벌하게 확장되기 시작한 것은 밀레니얼 세대에서부터였는데, 그 세대 사이에서 케이팝은 상당히 마이너한 취향이었다. 그럼에도 각 국가와 지역에서 마이너한 취향을 가진 이들이 소셜 미디어와 유튜브 등을 통해 연결되면서 서로의 존재를 확인하고 함께 즐기기 시작했다. 이러한 바탕 위에 Z세대가 아이돌 문화의 주요한 소비자로 등장했고, 이들의 고민을 함께 나누고 소통하는 BTS에 많은 Z세대가 열성적인 지지를 보내며 활발히 활동하게 된 것이다 (물론 규모도 어느 팬덤보다 크다). 각 국가와 지역에서 절대 다수는 아니지만, 상당한 열성 팬을 확보한 결과 빌보드의 스타가 된 셈이다. 애초에 BTS가 빌보드의 '소셜 아티스트' 부문에서 주목받기 시작했다는 점도 상기해 볼 만하다.

지금 Z세대에게는 메이저(주류)와 마이너(비주류)의 구분이 큰 의미가 없다. 마이너한 취향도 강한 열정으로 다수가 뭉쳐 활동하면 강력해지고, 주류 문화권에 있는 듯 보여도 소셜 미디어와 유튜브에서 팬과 유저에 의해 콘텐츠가 지속적으로 재생산되지 않으면 메이저라 부르기 어렵다. 중요한 것은 밀레니얼 세대가 10대였던 시절만 해도 마이너한 취향이 다소 무시당하는 경향이 존재했지만, Z세대가 10대의 주류가 되고 20대 중반까지 장악한 지금은 소수의 취향도 매우 존중받게 되었다는 점이다. Z세대 대다수는 윤리적·법적으로 문제되지 않는다면 세상에 무시당해도 될 취향은 없다고 믿기 때문이다.

현 시점에서 모두 Z세대인 한국 대학생들이 참여하고 싶어 하는 학내 모임의 종류를 살펴보면 이런 경향을 확인할 수 있다. 취업난 혹은 저성장 기조 때문에 취업 스터디나 재테크 모임 등을 떠올리는 독자들이 있겠지만, 대학내일 20대 연구소에서 2018년 조사한 결과에 따르면 1위는 맛집과 수제 맥주 전문점 등을 탐방하는 '음식 모임'(37.5퍼센트)이었고, 2위는 '운동·스포츠 모임'(35.2퍼센트), 3위는 '게임 모임'(26.6퍼센트), 4위는 '레저·여행 모임'(25퍼센트), 5위는 '휴식'(23퍼센트)이었다. '학습 모임'(20.2퍼센트)은 겨우 6위, '재테크 모임'은 12.6퍼센트로 12위였다.[32] 1위부터 5위까지는 모두 취향과 관련돼 있다. 그중 '휴식 모임'이 다소 의아할 수 있는데, 비슷한 버킷 리스트를 가진 이들끼리 모여 하나씩 해보면서 쉬고 싶다는 취지다.

각자 '소중하고 존중받아야 할 취향'을 갖고 있고, 취향이 유사한 사람끼리 온라인에서 끈끈하게, 오프라인에서는 다소 느슨하게 연결되는 것이 Z세대의 특징이다. 이를 고려하면 Z세대가 열광하고 적극적으로 참여하는 각종 소비 활동, 여가 활동을 이해할 수 있다. 2018년 조사 결과 인스타그램과 블로그 마켓 이용 경험이 있는 Z세대의 비율은 33.7퍼센트였다. 이용 이유가 '내 취향에 딱 맞는 상품을 구매할 수 있어서'라고 답한 비율은 밀레니얼 세대 28.8퍼센트, Z세대 36.6퍼센트로 Z세대가 더 높게 나타났다.[33] 실제로 Z세대가 밀레니얼 세대에 비해 취향을 중시하는 소비 활동을 하고 있는 것이다. 인스타그램 등 소셜 미디어를 통한 판매와 구매, 블로그를 통한 판매와 구매는 최근 '세포 마켓'이라는 명칭으로 불린다. 전문성을 바탕으로 자기만족을 추구하면서 생산 또는 유통을 개별적으로 수행하는 개인 마켓을 의미한다. 소셜 미디어나 블로그를 팔로우해야만 판매되는 물건을 접할 수 있다는 측면에서 매우 취향 중심적인 유통 채널로 분류된다. 실제로 각자 개인들이 취향에 따라 1인 셀슈머(스스로 물건을 소비하며 판매하는 인플루언서로 소셜 미디어나 블로그를 직접 운영)를 팔로우하고, 주로 마이크로 인플루언서인 이들과 소통하면서 제품에 대해 대화하고 실제로 구매를 한다.

2015년 시작돼 5년간 약 3만 6000명의 멤버들이 활동한 독서 클럽 트레바리는 밀레니얼 세대에서 인기를 끌기 시작해 Z세대까지 이어지고 있는 대표적인 취향 중심의 느슨한 모임이다. 한 달에 한 번 정해진 책을 읽고 모여서 대화를 나누는데, 독후감을 제출하지 않으면 월 7~8만 원의 돈을 지불

했더라도 모임에 참석할 수 없다.[34] 2019년까지는 오프라인 위주 모임이었지만, 2020년 코로나19 판데믹 이후에는 온라인 프로그램도 진행한다. '랜선 트레바리'라 불리는 비대면 독서 모임의 경우 4개월씩 진행하던 오프라인 모임과 달리 한 달 단위로 시즌을 구성해 책 한 권을 한 달 동안 읽고 트레바리가 개설해 주는 북토크 채널에 들어와 독후감도 남기고 온라인상에서 대화를 나누는 프로그램이다. 이와 유사하게 모여서 취향을 나누고 배우는 모임들도 밀레니얼 세대부터 시작돼 Z세대에 이르러 더욱 분화·강화되면서 인기를 얻고 있다. 소셜 살롱 문토나 취향관, 안전가옥, 문래당 등의 취향 공유 커뮤니티는 그 대표 격인 모임들이다. 문토는 유사한 취향을 공유하는 사람들끼리 모여 주제에 맞는 리더를 섭외해 정기적으로 만나는 유료 모임이고, 취향관 역시 '살롱'이라고 부르는 오프라인 공간을 중심으로 다양한 취향을 가진 사람들의 느슨한 공동체를 지향하는 커뮤니티다. 인문학과 예술을 중심으로 한 문래당, 창작가와 교류하는 오프라인 모임인 안전가옥도 유사한 형태의 커뮤니티 플랫폼 비즈니스다. Z세대를 포함하는 이들 젊은 세대는 동창회, 향우회 등 기존의 연결을 기반으로 한 '끈끈한' 모임이 아니라 취향을 중심으로 뭉치는 '느슨한 연결'을 즐기며, 여기에 비용을 아끼지 않는다.

2020년 여름 현재 코로나19 글로벌 판데믹은 계속 이어지고 있다. Z세대가 추구하던 취향 공유의 느슨한 오프라인 모임은 당장 위기에 처한 것처럼 보이지만, 이들은 곧바로 온라인상의 연결을 즐기는 법을 찾아냈다. 이전에도 온라인 모임을 늘 즐기고 있었기에 판데믹이 시작되고 사회적 거리 두기가 시행되자 빠른 적응력을 보여 준 것이다. 이들은 각자 취향에 맞는 맥주를 집에서 마시며 화상 회의 프로그램 줌 Zoom을 활용해 재택근무에 이은 '재택 회식'까지 하는 창의성을 보이고 있다. 기성세대가 불편하다고 여기는 요소, 전염병이 야기한 수많은 제약 조건들은 이미 온라인에서 활발히 교류하고 취향을 나누던 Z세대에게는 큰 제약이 아니었다. 원래 대면 접촉contact보다 비대면 연결connect에 훨씬 익숙한 세대였기에 코로나19 이후의 세상, 즉 연결은 강화되고 접촉이 약화되는 세상에서 Z세대의 입지는 더 강해질 것으로 보인다.

오프라인 경험과 취향을 결합하라

오프라인 경험을 중시하고, 취향에 집중하는 Z세대를 공략하기 위해서는 오프라인 경험 지향과 취향이 만나는 지점을 찾아야 한다. 나이키는 이를 성공적으로 해냈다. 나이키는 밀레니얼 세대에게 아주 인기 있는 브랜드는 아니었다. 가성비 측면에서도 밀레니얼 세대를 사로잡지 못했고, 소셜 미디어에

과시하기에는 '힙'하지 못했다. Z세대는 내가 즐거운 경험을 하고 내가 만족하는 소비를 원하는 타이밍에 할 수 있다면, 그리고 내 취향만 충족한다면 다소 올드한 브랜드라도 개의치 않고 구매한다.[35] 밀레니얼 세대와 약간은 다른 Z세대의 마음을 나이키가 다시 파고들고 있다. 2019년 1월 뉴욕 소호의 나이키 매장에서는 흥미로운 행사가 진행됐다. 매장을 찾은 사람들이 직접 구상해 컴퓨터나 손으로 그린 디자인을 넘겨 주면 그 자리에서 흰색 바탕의 '플레인' 나이키 운동화에 디자인과 색깔을 입혀 바로 가져갈 수 있도록 하는 행사였다.[36] 가격은 흰색 기본 운동화 값이었다. 이를 직접 지켜본 이한규는 필자에게 "뉴욕의 Z세대가 말 그대로 열광하는 모습을 현장에서 봤다"고 전했다. 오프라인 매장의 Z세대식 부활이라는 것이다. 나이키가 영리하게도 Z세대의 취향을 그 자리에서 지켜봤고, 이것이 데이터로 남아 알고리즘만으로 파악할 수 없는 취향을 발견할 수 있게 됐다는 분석이다.

Z세대는 밀레니얼 세대에 비해 분명 오프라인 매장을 더 자주 찾는다. 경험 지향성도 매우 강하며 상대적으로 오프라인 구매도 많이 하는 편이다. 물론 이전 세대의 오프라인 매장 방문과는 패턴이 다르다. 쇼핑몰을 찾기는 하지만 길게 머무르지는 않는다. 약 한 시간 정도 머물며 5개 매장 정도를 방문한다고 한다. Z세대에게 오프라인 매장은 충동구매를 하는

곳보다는 온라인 쇼핑의 연장선상에서 실물을 확인하고 온라인 경험에 이어 마지막 경험을 하는 곳이라는 의미를 갖는 것으로 보인다. 제프 프롬은 이들 세대가 기본적으로는 오프라인 경험 욕구가 있고 이를 충족하기 위한 실행을 감행하기는 하나, 어느 정도의 'FOLO(Fear of Living Offline·오프라인에 남겨지는 공포)' 성향을 갖고 있다고 지적한다.[37] 오프라인 매장에 나오기는 해도 상대적으로 짧게 머무는 것은 바로 이 성향과 관련이 있는 것으로 보인다. 온오프라인의 구분 자체가 불분명한 세대이지만, 아무래도 주로 온라인에서 사람들을 만나고 채팅하며 영상과 이미지를 공유해 왔기에 오프라인 경험을 다소 어색해하고 낯설어하는 성향이 분명 존재한다는 뜻이다. Z세대를 공략하는 옴니채널omni-channel[38] 마케팅 전략은 온라인과 자연스럽게 연결되는 편안한 오프라인 경험을 제안하는 것, 그들 각자의 취향이 그 자체로 온전히 존중받는 오프라인 환경과 구매·소비 환경을 구축하는 것에서부터 시작돼야 할 것이다.

4 　소비의 키워드 ; 정치적 올바름, 공정성, 진정성

올바르지 않다, 공정하지 않다

1998년 7월 디즈니 애니메이션 중 최초로 동아시아를 배경으로 한 영화 〈뮬란〉이 개봉했다. 내용은 중국 설화에 기반한 것으로, 훈족의 침입에 대항해 중국 여성인 뮬란이 이런 저런 사정으로 인해 남장을 해 참전하고 우여곡절 끝에 결국 영웅으로 대접받는다는 스토리다. 국내에서도 상당히 흥행했고 필자 역시 재미있게 보기는 했지만 상당히 불편한 지점들이 있었다. 중간에 나오는 여성들의 과장된 전통 화장이 중국이 아닌 일본식 화장법과 유사해 보인다는 점, 중국인들이 '아이고 조상님my ancestor'을 습관처럼 말하는 것으로 묘사된다는 점 등이었다. 중국과 일본의 문화 차이를 별로 고려하지 않았고, '아이고 조상님'은 사실 서구 기독교 문화권에서의 'Oh, my god'이나 'Jesus' 정도의 감탄사일 뿐임에도 유교 문화권에서는 무슨 일만 생기면 항상 '조상 신'만 찾는 것으로 희화화하는 오리엔탈리즘[39]으로 보이기도 했다. 세세한 부분에서 느껴진 불편함을 넘어서 좀 더 큰 문제의식 하나가 있었는데, 왜 수동적으로 '백마 탄 왕자'를 기다리는 공주가 아닌 주체적으로 자신의 인생을 개척하는 최초의 디즈니 애니메이션 여성 캐릭터가 중국 역사를 배경으로 한 작품에서 등장하는 것인가의 문제였다. 표면적으로는 '여성에 대한 억압이 극심한 동양 문화권'에서 그런 캐릭터가 등장해야 스토리가 더욱 극적으로 전개될 수 있다는 발상이었다고 생각해 볼 수 있으나(사실 서구 문화권의 여성 억압도 만만치 않은 수준이었기에 이 또한 오리엔탈리즘이지만), 전형적인 백인 여성 캐릭터로 그런 주체적인 여성을 만들 경우 당시까지 디즈니의 모든 '수동적 공주 캐릭터'의 존재가 흔들리는 문제가 발생하기에 이를 피하기 위해 오리엔탈리즘에 기대 중국 시대물을 만든 것 아닌가 의심할 여지도 있었다. 이전에도 일부에서 유사한 문제 제기가 있었던 것으로 보이지만, 그 자체가 큰 논란이 되지는 않았다.[40]

만약 지금 같은 내용의 영화가 개봉한다면 아마도 그때처럼 조용히 넘어가지는 못할 것이다. 당시보다 중국이나 동아시아 전체가 세계 정치 경제에서 갖는 힘이 더 커졌고, 세계화의 급진전으로 상호 문화에 대한 이해가 다소 깊어지기도 했지만, 무엇보다 Z세대가 문제를 제기할 가능성이 높기 때문이다.

'지구인 정체성'을 가진 Z세대는 인종, 성별, 지역과 국가를 넘어 소셜 미디어와 유튜브 등을 통해 매 순간 소통하고 서로를 이해하고 있으며 정치적으로 올바르지 않은 것, 차별적인 것, 그래서 '공정하지 않은' 요소들에 문제를 제기하고 행동한다.[41] 밀레니얼 세대부터 시작된 이런 성향은 Z세대에서 더욱 강해졌고, 디즈니 등 미국의 많은 영화(애니메이션을 포함한) 제작사들은 '정치적으로 올바른' 작품을 만드는 데 신경을 쓰고 있다. 2013년 개봉하고 2019년 2편을 공개한 디즈니의 〈겨울왕국〉 시리즈는 주체적인 두 여성의 자매애를 다뤘으며, 디즈니의 2016년작 〈주토피아〉는 다양성에 대한 존중과 공존이 핵심 테마였다. 지금의 핵심 콘텐츠 소비층인 밀레니얼과 Z세대에 맞는 내용을 고민하다 보니 만들어진 결과물이었을 것이다. 때론 지나치게 정치적 올바름을 강조해 굳이 여성일 필요가 없는 캐릭터를 여성으로 만들거나, 다소 어색해지는 맥락을 무시한 채 배역을 흑인으로 캐스팅하는 영화 및 콘텐츠가 논란이 되기도 하지만, 다양성 배려와 정치적 올바름 추구가 '대세'라는 점은 부인하기 어렵다. 실제 디즈니가 2010년대, 즉 MZ세대가 콘텐츠의 주 고객으로 등장한 이후에는 다양성에 대한 존중과 정치적 올바름을 강조하고 있다는 점을 여러 보도와 분석을 통해 확인할 수 있다.[42]

정치적 올바름을 중시하는 성향은 Z세대의 행동으로 나타나고 있다. 2020년 여름 미국을 뜨겁게 달군 인종 차별 반대 시위가 대표적이다. 인종 차별 문제는 정치적 올바름과 다양성 존중, 차별 반대 이슈의 몇 가지 중심축 중 하나이기도 하다. 사건을 정리해 보면, 2020년 5월 25일 미국 미네소타주 미니애폴리스에서 위조지폐를 사용했다는 의심을 받던 아프리카계 미국인 조지 플로이드가 경찰에 체포되는 과정에서 사망했다. 백인 경찰관이 8분 46초간 플로이드의 목을 무릎으로 압박했고, 플로이드는 "숨을 쉴 수 없다"고 몇 차례 얘기했지만 무시당했고, 결국 질식사했다. 이 모든 장면은 행인들의 스마트폰으로 녹화돼 말 그대로 분노를 폭발시켰다. 이미 수년 전 미국에서는 흑인 청소년이나 범죄 용의자가 아닌 이들이 경찰의 오인 사격이나 폭력으로 숨지는 일이 잦아지자 '흑인 생명도 소중하다Black lives Matter' 슬로건을 내건 시위가 크게 일어났는데, 같은 슬로건을 내건 시위가 다시 전국적으로 확산된 것이다. 세대를 막론하고 인종 차별에 반대하고 인권을 중시하는 대다수 시민들이 분노한 사안이지만, 여기에서도 글로벌 Z세대와 이들과 힘을 합친 밀레니얼 세대의 힘을 발견할 수 있다. 일단 이 사건은 미국에서 일어났지만, 유럽은 물론 한국 등 다른 대륙의 선진국[43]에서도 많은 사람들이 소셜 미디어를 통해서나 거리에서의 시위 및 입장 표명을 통해 미국 시위에 힘을 실었다.[44] MZ세대는 해시태그를 통해 이러한 움직임을 확산시켰다. 이는 단순히 온오프라인에서의 의사 표시에만 머물지 않았다. 이 사태에 대한 기업의 생각을 묻고, 답변을 회피하는 기업들에 대해서는 명백한 거부 의사를 표시했다. 가장 큰 타격을 입은 기업은 페이스북이었다. 플로이드 사망에 항의하는 시위 도중 일부 참가자들의 일탈이 일어나자 트럼프 미국 대통령은 '약탈이 시작되면 총격도 시작된다'며 시위대를 위협하는 메시지를 올렸는데, 이를 '숨기기' 처리한 트위터와 달리 페이스북은 계속 공개 상태로 뒀다. 논란이 일었지만 CEO 마크 저커버그는 '표현의 자유를 보장해야 한다'는 입장을 취했다. 곧바로 내부에서는 MZ세대 임직원들을 중심으로 파업 시도와 퇴사 등의 행동이 나타났고 #StopHateforProfit(수익을 위한 혐오를 멈춰라)이라는 해시태그와 함께 페이스북 불매 운동도 시작됐다. 노스페이스, 파타고니아, 유니레버, 코카콜라 같은 거대 기업 광고주들은 페이스북 광고를 철회하기 시작했고, 큰 압박감을 느낀 저커버그는 입장을 수정하기에 이른다. 이 과정에서 페이스북이 주가 하락으로 입은 손실은 560억 달러(66조 5000억 원)였고, 저커버그 개인 재산 손실도 72억 달러(8조 5500억 원)나 됐다.[45] 이런 상황 속에서 나이키, 애플, 레고는 물론 유럽 럭셔리 브랜드들도 인종 차별 반대 메시지를 내며 각종 캠페인에 동참했다. 해시태그를 달며 인종 차별에 대한 분노를 쏟아내고 페이스북의 '비겁함'을 지적하는 MZ세대의 눈치를 보고 있는 것이다.

여기에서 Z세대는 또 다른 실력 행사를 하게 되는데, Z세대의 글로벌 정체성을 상징하는 BTS도 여기에 등장한다. Z세대의 상징답게 BTS는 한국어와 영어로 '우리는 인종 차별에 반대합니다. 우리는 폭력에 반대합니다. 나, 당신, 우리 모두는 존중받을 권리가 있습니다. 함께하겠습니다'라는 메시지를 발표하며 12억 원을 'Black Lives Matter' 운동을 주도하는 단체에 기부했고 이 소식을 들은 BTS의 팬들은 순식간에 같은 액수(100만 달러)를 모금해 기부했다. 인종 차별주의자로 의심받고 있는 미국의 트럼프 대통령도 BTS, 블랙핑크의 팬클럽 등이 합세한 Z세대 케이팝 팬클럽 연합군에 의해 엄청난 수모를 겪었다. 트럼프는 지난 대선에서 민주당 힐러리 클린턴 후보를 상대로 압승을 거둔 상징적인 곳, 오클라호마주 털사에서 재선을 위한 유세를 재개했다. 그러나 케이팝 팬들은 온라인으로 유세장 티켓을 선점한 뒤 현장에 나타나지 않는 '노쇼no show' 운동을 통해 유세장을 텅텅 비게 만들어버렸다. 미국 언론들은 이에 대해 케이팝 팬들의 전설적 조직력이 정치적인 행동으로 나타나면서 놀라운 힘을 발휘했다고 평했다. 재빠른 온라인 티켓팅과 노쇼로 놀이와 시위를 동시에 진행하는 Z세대다운 정치적 행동이라고 할 수 있다.

1~2년 전부터 글로벌 화장품 회사들은 백인의 우월성이 바탕에 깔린 용어, 즉 '화이트닝', '미백', '밝은 톤'과 같은 단어를 사용하지 않고 있다.[46] 이는 차별, 정치적 올바름, 공정성의 이슈에 매우 민감하게 반응하며 실제로 행동하는 MZ세대, 특히 Z세대가 등장한 것과 무관하지 않다.

성별, 성 정체성, 인종과 국적 등과 관련한 차별과 편견만큼이나 이들 세대가 민감하게 반응하는 것은 환경과 기후 변화 문제다. 상당수는 동물권에 대한 감수성도 높은 편인데, 이는 기후 변화 문제에 대한 태도와 밀접한 관련이 있다. 이들 세대의 환경에 대한 생각은 2019년 9월 청소년 환경 운동가 그레타 툰베리Greta Thunberg가 유엔 기후 행동 정상회의에서 한 연설[47]에서 잘 드러난다.

이건 아니라고 생각합니다. 제가 이 위에 올라와 있으면 안 돼요. 저는 대서양 건너편 나라에 있는 학교로 돌아가 있어야 합니다. 그런데 여러분은 희망을 바라며 우리 청년들에게 오셨다고요? 어떻게 감히 그럴 수 있나요? 여러분은 헛된 말로 저의 꿈과 어린 시절을 빼앗았습니다. 그렇지만 저는 운이 좋은 편에 속합니다. 사람들이 고통받고 있습니다. 죽어 가고 있어요. 생태계 전체가 무너져 내리고 있습니다. 우리는 대멸종이 시작되는 지점에 있습니다. 그런데 여러분이 할 수 있는 이야기는 전부 돈과 끝없는 경제 성장의 신화에 대한 것뿐입니다. 도대체 어떻게 그럴 수 있습니까? (중략) 여러분은 우리를 실망시키고 있습니다. 그러나 우리 세대는 여러분이 배신하고 있다는 걸 이해하기 시작했습니다. 모든 미래 세대의 눈이 여러분을 향해 있습니다. 여러분이 우리를 실망시키기를 선택한다면, 우리는 결코 용서하지 않을 것입니다.

이 영어 연설의 핵심 문장은 '어떻게 그럴 수 있는가How Dare You'라는 절규다. 연설 말미에는 세대 이야기가 등장한다. 자신들 Z세대에게 왜 이런 지구, 망가진 생태계를 넘겨 주냐고 화를 내는 것이다. 이전 세대에게는 환경 문제가 '아름다운 지구를 지키기 위해 필요한 일' 혹은 더 심각해 봐야 '우려스럽고 해결 방법을 찾아야 할 문제' 정도였다면, 이제 10대에서 20대 초중반 사이인 Z세대에게는 '지금 당장 행동하고 해결해야 할 생존의 문제'다. 그럼에도 여전히 제대로 행동하지 않는 정치인과 기업인들에게 Z세대는 분노를 표출한다. 마음대로 자원을 쓰고, 탄소를 배출해 생태계를 파괴하고 재앙적인 기후 변화를 촉발한 뒤에 그 책임을 다음 세대에게 떠넘기기는 건 올바르지도, 공정하지도 않은 일이라는 것이다. 특히 이미 새로운 '대멸종'이 다가오고 있다는 과학계의 보고가 나오면서 Z세대에는 인간이 아닌 다른 생명체의 권리를 중시하는 이들도 많아지고 있다. 건강이 아닌 '동물권'이라는 신념을 위해서 채식을 선택하는 이들도 많다. Z세대는 코에 플라스틱 빨대가 꽂혀 괴로워하는 바다거북 동영상을 보며 함께 울었던 세대이고[48], 스타벅스의 플라스틱 빨대 퇴출을 촉발한 세대다. 태평양 플라스틱 쓰레기 섬의 충격적 영상을 함께 보고 위기의식을 느낀 세대이기도 하다.[49] 유튜브를 통해 충격적인 환경과 생태계의 파괴, 다른 생물들이 겪는 고통을 함께 보고 공유해 왔다 보니 점점 더 환경과 기후 변화, 동물권에 대해 민감해지고 있다. Z세대의 소비 권력은 나날이 강해지고 있는데, 반환경·반동물적 기업이 과연 생존할 수 있을까. 제 아무리 지금 잘나가는 글로벌 대기업도 정신이 번쩍 들 수밖에 없는 대목이다.

진정성으로 설득하라

소셜 미디어를 비롯한 모바일·온라인 플랫폼에 살다시피 하면서 온갖 인터넷 뉴스와 기업 홍보, 광고의 홍수 속에서 성장한 Z세대는 누가 진정성을 갖고 메시지를 전하는지 금방 알아본다. BTS의 글로벌 팬덤 형성에도 진정성은 큰 역할을 했다. 진솔하게 자신들의 고민을 그때그때 털어놓으면서 팬들과 소통하며 성장해 왔다는 점에 Z세대가 열광한 것이다.

현 시점에서 BTS처럼 진정성으로 가장 크게 인정받고 있는 글로벌 기업은 나이키다. 정치적 올바름, 차별 반대와 공정성 등 Z세대의 주요한 가치에 대해 나이키가 내는 메시지의 진정성을 Z세대가 인정하고 있다는 의미다. 나이키는 1990년대 중반 파키스탄의 아동 노동으로 인해 비윤리적 기업으로 낙인찍히고 비난받았던 기업이었기에[50] 이들의 변신은 더 흥미롭고 놀랍다. 'Just Do It' 광고를 통해 여성도, 성소수자도, 장애인도 금기시된 무언가에 도전할 수 있고 잘할 수 있으며 실패하더라도 그 도전 자체가 아름답다는 메시지를 끊임없이 전파해 온 덕분이기도 하지만, 더 중요한 것은 결정적인 순간에 광고 메시지와 일치하는 진정성 있는 행태를 보여 줬다는 점이다. 이는 'Black Lives Matter' 시위와도 관련이 있다. 2016년 미국에서는 경찰의 과잉 대응으로 무고한 흑인들이 몇 차례 희생을 당했고, 미국 전역에서 2020년 여름과 같은 시위가 일어나고 있었다. 이때 내셔널 풋볼 리그 NFL 한 경기에서 샌프란시스코 포티나이너스49ers 팀의 간판스타인 흑인 선수 콜린 캐퍼닉Colin Kaepernick이 국가가 나올 때 국기에 대한 예를 표하지 않고 한쪽 무릎을 꿇고 앉아 버렸다. 최근 플로이드 사망 항의 시위에서 종종 '동참한다, 공감한다'의 의미로 등장하는 제스처인 '한쪽 무릎 꿇기'의 기원이다. 당시 경기가 끝난 후 인터뷰에서 그 행동의 의미를 묻는 기자의 질문에 캐퍼닉은 "인종 차별하는 나라를 위해서는 일어나고 싶지 않았다"고 답변해 미국 사회를 발칵 뒤집어 놓았다. 그리고 2년 뒤, 나이키는 논란의 인물 콜린 캐퍼닉을 과감하게 'Just Do It' 광고 론칭 30주년 기념 광고 모델로 전면에 내세웠다. 다시 한번 미국 사회가 분열됐고 엄청난 논란이 일었다. 그 결과 '애국심 강한' 미국의 백인 중산층과 상류층은 분노했지만 다른 형태의 애국심을 가진, 즉 차별 없고 공정한 나라를 만드는 것이 진정한 애국이라 믿는 미국의 밀레니얼 세대와 Z세대는 전혀 다른 반응을 보였다. 사실 나이키의 주 타깃 고객은 이들 세대다. 결국 이들의 전폭적 지지를 바탕으로 온라인 매출은 단기간에 30퍼센트 이상 올랐고, 주가도 의류업계 사상 최고치를 찍었다.[51]

나이키가 Z세대가 추구하는 가치에 공감하는 진정성을 보인 여러 사례 중 상징적인 것을 한 가지 더 살펴보자. 늘 날씬하고 마른 여성을 모델로 쓰던 패션업계 전반의 편견을 깨며 2016년 처음으로 '플러스 사이즈' 모델을 광고에 내세웠던 나이키가 2019년에는 아예 플러스 사이즈 마네킹까지 매장에 설치했다. '비만을 미화한다'는 일부 비판도 있었지만, 아름다운 몸의 기준을 마르고 바비 인형 같은 몸매로 획일화하고 강요하는 게 올바르지도 공정하지도 않다고 생각하는 밀레니얼 세대와 Z세대 다수에게는 매우 긍정적으로 받아들여졌고 나이키는 다시 한번 진정성을 인정받았다. 근육질의 탄탄한 몸이 아니라고 해서 차별받아서는 안 되며, 체형 역시 다양성의 일부이고 모든 체형의 사람이 존중받아야 할 소중한 존재라는 생각이 MZ세대, 특히 Z세대를 관통하고 있음을 보여 주는 사례다. Z세대가 열광하는 BTS의 최근 핵심 메시지가 '너 자신을 사랑하라Love Yourself'인 것도 이와 무관하지 않다.

Z세대는 기업이나 브랜드가 자신들의 가치에 공감하며

진정성 있는 소통과 행보를 지속하면, 그래서 그 진정성을 인정받고 나면 한두 번의 실수는 오히려 너그럽게 용서해 주기도 한다. 미국의 텍사스-멕시칸 스타일 프랜차이즈 레스토랑 치폴레Chipotle는 이를 보여 주는 대표적인 사례다. 치폴레는 지난 수년간 건강한 식사, 균형 잡힌 식단에 대해 소개하고 '건강한 음식과 위생'에 대해 끊임없이 고객들과 대화하고 소통해 왔다. Z세대가 흥미롭게 볼 수 있도록 다양한 방식의 동영상을 제작했고, 그 과정에서 굳이 회사를 홍보하지 않았다. Z세대는 치폴레의 진정성을 인정했다. 이후 치폴레에서 대장균 검출 사고가 터졌지만 진심 어린 사과가 나오자 곧바로 '한 번의 실수' 정도로 넘어갈 수 있었던 것이다. 치폴레의 진정성에 대한 Z세대의 신뢰가 없었다면 불가능했을 일이다.[52]

반면 어떤 기업이든 Z세대의 가치에 공감하는 척하다가 진정성을 인정받지 못하면 쓴맛을 보게 된다. 먼저 스타벅스의 한 캠페인 사례를 살펴보자. 스타벅스라는 기업이나 브랜드 자체가 현 시점에서 MZ세대에게 외면을 받고 있는 건아니지만 5년 전 벌인 한 캠페인은 진정성을 인정받지 못해 철저히 실패했다. 2015년 3월 중순 스타벅스는 '레이스 투게더Race Together'라는 슬로건을 내건 캠페인을 시작했다. '인종이함께'라는 뜻으로도, '함께 달리자'라는 의미로도 해석 가능한문구였는데 결론적으로는 인종 차별 극복을 함께 이뤄 가자는 취지였다. 하워드 슐츠 회장은 스타벅스 매장에서 고객들이 커피를 주문하면 바리스타들이 종이컵에 'race together'를 써넣어 주거나 스티커를 붙여 주도록 했다.[53] 하지만 이는 곧 소셜 미디어를 타고 퍼지는 거대한 조롱과 비판에 맞닥뜨렸다. 일단 평소에 인종 문제에 별 관심도 없던 회사가, 심지어 종종 매니저들이 커피 잔에 동양인 손님을 표시한다며 '찢어진 눈'을 그려 놓는 일 등으로 물의를 일으키던 회사가 갑자기 인종 이슈가 뜨거워지자 여기에 편승하려 했다는 비판이다. 당시 밀레니얼 세대의 비판에 Z세대도 동참하며 소셜 미디어에서는 한바탕 조롱 놀이가 벌어졌다. 더 결정적이었던 건 《이코노미스트》가 지적한 스타벅스의 약점이었다. 스타벅스 일선 매장 직원의 40퍼센트가 소수 인종인 데 반해, 19명의 회사 중역 중 백인이 아닌 사람은 3명밖에 없다는 보도가 나오자 스타벅스에 대한 조롱은 더욱 심화됐다. 결국 이 캠페인은 한 달이 채 지나지 않아 중단됐다. 진정성을 인정받지 못하는 상황에서 밀레니얼 세대나 Z세대의 가치에 공감하는 척했을 때 어떤 역풍이 부는지 보여 준 사례다.

글로벌 음료 회사 펩시는 광고 하나로 엄청난 비난에 직면하기도 했다. 2017년 4월에 공개된 펩시 광고 'Live For Now'는 유명 여성 모델이 'Black Lives Matter' 시위를 하는 것으로 추정되는 군중 속으로 들어가 펩시콜라를 대치 중인 경찰에 건네고, 경찰이 펩시를 마시기 시작하면서 갑자기 시위가 축제 분위기로 바뀌는 내용이었다. 유튜브 플랫폼에서 살다시피 하던 Z세대를 중심으로 엄청난 반발이 일어났다. 아무런 개연성도 현실성도 없는 스토리에 중요한 가치이자 사회 정의와 관련된 이슈인 인종 문제를 이용하기만 한다는 비판이 핵심이었다. 그동안 사회 정의에 대해 발언하지도 않던 기업이 이해도 안 되는 스토리를 가지고 교묘히 '모두 함께 즐겁고 평화롭게 지내야 한다'는 메시지를 내세우며 미국의 인종 차별 항의 흐름에 편승하려 한다는 의심이기도 했다. 비싼 모델을 쓰고 큰돈을 들여 만든 광고로 오히려 불매 운동이 일어날 조짐마저 보이자 펩시는 사과를 할 수밖에 없었다.

2020년 플로이드 사망 사건에 대한 항의 시위가 벌어진 후 이에 동참하겠다는 의사를 밝힌 유럽의 명품 업체들 역시 진정성을 의심받으면서 오히려 냉소적인 여론을 맞닥뜨려야 했다. 샤넬, 루이비통, 펜디, 프라다 등 대다수 명품 및 디자이너 브랜드들은 플로이드 추모 시위를 지지하는 2020년 6월 2일 '#blackouttuesday' 운동을 벌였다. 검은 화면에 'Black Lives Matter'나 '어떤 인종 차별에도 반대한다'는 취지의 글을 띄우는 것이다. 그러나 막상 호응하고 박수를 쳐주길 기대했던 소셜 미디어 원주민 Z세대들은 '말만 하지 말고 돈을 써라', '후원을 하고 흑인을 중요한 자리에 앉힌 다음 평등에 대해 말하라'는 비판과 비아냥을 쏟아 냈다. 그동안 유럽 명품 브랜드들이 모델부터 임원까지 거의 모두 백인으로 채워 왔던 데다가 평소 흑인을 희화화하거나 동양인을 폄하하는 화보나 액세서리로 물의를 일으켜 왔기 때문에 벌어진 일이다. 로레알 파리는 특히 더 큰 비판을 받았는데, 2017년에 인종 차별 반대 발언을 한 영국 모델 겸 운동가 먼로 버그도프Munroe Bergdorf를 내세운 캠페인을 중단시켜 버린 일이 있었기 때문이다. 비판 여론을 의식한 로레알은 결국 버그도프를 다양성 자문 위원으로 임명하기에 이른다.

밀레니얼 세대부터 시작돼 Z세대까지 이어지며 점점 강화되고 있는 정치적 올바름이나 차별 반대, 공정성 등의 가치에 동의하고 동참한다는 의사를 밝혀도 진정성을 인정받지 못하면 역풍을 맞을 수 있다. 네바다대학교의 패션 및 문화 사학자인 데어드레 클레멘테Deirdre Clemente는 한 인터뷰에서 식견이 넓고 자신감이 충만한 새로운 세대의 소비자(주로 Z세대)가 부상하고 있으며, 이들은 자신이 서포트하는 브랜드에게서 진정성을 바라고, 이것이 모델 기용이나 광고 캠페인뿐 아니라 다른 영역에까지 영향을 미치고 있다고 지적했다.[54]

이런 시대에 애초에 Z세대가 강력하게 요구하는 가치를 외면한다면 기업이나 브랜드를 버리겠다는 의미와 마찬가지다. 실제 그렇게 행동했던 몇몇 기업과 의류 브랜드 등은 몰

락의 길로 들어섰다. CEO의 인종·외모 차별적 발언이 종종 문제가 됐고, 실제로도 날씬한 백인만 모델로 쓰던 아베크롬비는 Z세대가 소비 권력으로 부상하면서 실적 부진에 빠졌고, 점차 잊혀 가는 브랜드가 되고 있다. 영원할 것 같았던 럭셔리 속옷 브랜드 빅토리아 시크릿도 '바비 인형 같은 모델'만 써서 여성 외모에 대한 획일적인 기준을 강요한다는 비판을 받았지만 이를 제대로 수용하지 않았고 결국 10대들 사이에서 의류 브랜드 선호도 10위권 밖으로 밀려났다. 추락하던 이 브랜드는 결국 2020년 초 사모 펀드에 매각됐다.[55] 빅토리아 시크릿과 아베크롬비의 추락은 Z세대가 가진 '소비 권력'의 실체를 보여 주는 사례다.

한국의 Z세대와 맥락이 제거된 공정

필자는 이 책에서 지속적으로 두 가지를 강조해 왔다. 첫째는 세대론은 해당 연령대에 속하는 개인 모두의 특성과 행태를 설명할 수 없다는 것이며, 둘째는 Z세대 현상은 글로벌한 현상이고 Z세대는 지구인 정체성을 가진 최초의 집단으로서 굳이 국가나 지역별 차이를 구분할 필요가 없다는 것이다. 그럼에도 불구하고 '공정성'에 대해서만큼은 한국의 Z세대가 갖는 특수성이 있는 것으로 보인다. 정치적 올바름과 공정성의 문제에 민감하다는 특성은 한국의 Z세대에서도 나타나지만,

'무엇이 공정이냐'의 측면에서 한국적 특수성이 있다. 이들은 다른 무엇보다 절차적 공정성, 즉 '공평'에 민감하다.

2018년 초 평창 올림픽은 한국의 Z세대가 갖고 있는 '공정'에 대한 정서나 태도를 확인할 수 있는 기회이기도 했다. 당시 메달권 밖에 있던 대한민국 여성 아이스하키 대표 팀에 북한 선수 10여 명을 추가해 남북 단일팀을 구성하면서 그동안 훈련해 온 다른 선수들의 출전 기회가 박탈당하는 것 아니냐는 문제가 제기됐다. 당시 여론 조사에서는 2030세대 (MZ세대)의 남북 단일팀에 대한 반대 여론이 80퍼센트가 넘는 것으로 나타나기도 했다.[56] '한반도 평화'라는 대의를 위해서라고 해도 개인의 노력이 훼손돼선 안 된다는, 즉 국가와 민족이 개인에 우선할 수 없다는 개인주의 세대의 사고방식을 보여 준 동시에 MZ세대, 특히 Z세대가 생각하는 공정의 의미에 대해 고민해 볼 수 있는 사건이기도 했다.

본래 공정 개념에는 두 가지가 존재한다. 하나는 과정과 기회를 중심으로 개념화되는 공평이다. 최근 대학 입시에서 정시 확대를 외치는 목소리가 공평 추구와 연결돼 있다. 실제로 정시를 통한 선발이 더 공평한지 여부는 일단 차치하자. 두 번째는 다소 인위적으로 결과의 균형을 맞추는 평등이다. 미국 등에서 주로 흑인이나 소수 인종 학생에게 대학 입학 시에 가점을 줬던 '적극적 차별 시정 정책affirmative action' 같은 제도가 대표적이다. 한국에서는 '지역 균형 선발' 등이 이에 해당한다. 그런데 한국의 20대는 공평으로서의 정의, 공평성을 중심으로 하는 공정성을 중시하고 평등은 상대적으로 덜 중시한다. 특혜 채용에 분노하는 동시에 비정규직의 정규직화에는 떨떠름한 반응이나 심지어 분노를 보이는 것은 바로 그런 이유에서다.

이러한 한국 Z세대 특유의 공정성 중시 성향에 대해서는 이해하고 옹호하는 입장과 다소 비판적으로 보는 입장이 공존한다. 적극 이해하려는 입장은 박원익·조윤호의 《공정하지 않다: 90년대생들이 정말 원하는 것》에 잘 드러나 있다. 저자들은 이 책에서 Z세대를 포함하는 20대를 '공정 세대'로 규정한다. 지금의 20대, Z세대는 단 한 번도 고도성장하는 경제를 겪어보지 못했고 커지지 않는 파이를 놓고 치열한 경쟁을 펼쳐 왔다. 한때 80퍼센트에 육박했고 현재도 70퍼센트대 전후를 유지하고 있는 높은 대학 진학률, 모바일 시대에 거의 사라진 세대 내 지식·정보 격차는 비슷한 수준의 젊은이들끼리 더 치열한 경쟁을 하게 만들었고 결국 젊은 세대는 '조금이라도 더 투자한 시간과 자원', 즉 노력이 인정받을 수 있는 절차적 공정성에 민감해졌다는 설명이다. 무임승차에 매우 민감하며, 이것이 정책적으로 이루어지면 분노하는 것이다.

이러한 한국 Z세대 특유의 공정성 개념을 비판적으로

보는 시각도 있다. 《2020 트렌드모니터》에서 저자 최인수 등은 몇 가지 설문 조사를 근거로 이들 세대가 그토록 강조하는 절차적 공정이 사실은 자신의 이해관계를 중심으로 적용된다고 지적한다. 즉 '한국 사회가 얼마나 공정한가'에 대해 문제를 제기하기보다는 구체적인 상황에서 '자신이 얼마나 불공정한 상황에 놓여 있는가(또는 불공정한 대우를 받고 있는가)'에 대단히 민감하다는 것이다.[57]

두 가지 설명 모두 일리가 있다. 다만 약간 다른 측면에서 한국의 Z세대가 가진 특성을 분석하고자 한다. 한국의 Z세대는 아무리 전 세계인과의 교류 및 소통을 통해 글로벌화됐다고 하더라도 '절차적 공정성'을 만고불변의 진리로 여기게 만드는 한국 교육과 입시 제도의 영향권에 있었다. 기성세대는 '더 노력하는 자가 더 많은 것을 얻는다'는 생각을 지속적으로 심어 줬다. 다른 제약 조건 없이 온전히 노력할 수 있는 상황 자체도 상당한 특혜이자 특권일 수 있다는 맥락은 의도적이든 비의도적이든 제거돼 버렸다. 맥락이 사라지니 절차만 남게 됐다. '맥락이 제거된 공정'이라고 할 수 있다. 문제는 정보의 바다 인터넷과 온갖 모바일 채널에서 꼭 필요한 지식만 빠르고 쉽게 습득하는 현재 Z세대의 지식·정보 취득 조건이 이러한 맥락 제거를 가속화한다는 것이다. 이 과정에서 다른 맥락을 제거한 채 그저 '무기를 탈취했다'는 사실만 갖고 광주 민주화 운동을 '폭동'이라 주장하는 '일베'식 사고, 다른 복잡다단한 사회관계를 무시한 채 생물학적 성별만을 토대로 남성을 배척하는 극단적 페미니즘 등도 쉽게 나타난다는 것이 필자의 생각이다. 현재 한국 사회에서 30대 중반 정도가 되면 느낄 수 있는 남성이 유리한 구조를 경험하지 못한 Z세대 일부 남성들이 '역차별받고 있다'고 생각하는 것도 맥락을 제거한 채 자신들이 당면한 상황만 보기 때문이라고 해석할 수 있다.[58]

'맥락이 제거된 공정'이라고 비판적으로 명명하긴 했지만, 이를 두고 일방적으로 한국의 Z세대 일부가 혹은 사안에 따라 다수가 보이는 특정 성향을 비판하는 것은 옳지 않다. 왜 그들이 이런 방식으로 '공정성'을 이해하고 있는지 돌아보고 함께 논의할 방법, 소통할 방법을 찾아야 할 것이다. '맥락'이란 이들 세대에게 설명해야 할 무엇이 아니라, 이들의 사고에 고려 대상이 될 수 있도록 사회와 기성세대가 깔아 주는 인프라가 돼야 한다.

기업들 역시 '공정 세대'라는 말이 갖는 정확한 의미를 파악해 마케팅을 하고 직원으로서의 Z세대를 이해할 필요가 있다. 마케팅 측면에서 배달의 민족은 마케팅을 위해 소수 인플루언서에게만 할인 쿠폰을 나눠줬다가 거센 비판을 받은 적이 있다.[59] 기업 구성원으로서도 이들의 공정성을 과거 세대의 결과적 공정, 즉 평등으로 이해하면 낭패를 볼 수 있다. 절차적 공정에 대한 민감함을 이해하지 못한 채 조직 내에서 '네가 정규직이니까' 혹은 '네가 남자니까' 양보하라는 말을 하는 것은 '네가 비정규직이니까 어쩔 수 없다', '네가 여자니까 희생하라'는 오래된 차별적 언사만큼이나 큰 문제를 일으킬 수 있다는 점을 염두에 둬야 한다.

Z세대와 함께 일하는 법

"퇴사하겠습니다"

2020년 현재 20대 후반에서 30대 후반까지의 연령대인 밀레니얼 세대가 본격적으로 직장 생활을 시작하고 조직에 자리 잡기 시작한 건 약 5~6년 전부터였다. 이때부터 한국 기업 조직의 문화와 관습이 뿌리부터 흔들리기 시작했다. 변화의 계기는 엄청난 취업난을 뚫고 입사한 이들 세대의 갑작스러운 퇴사였다. 예전부터 직장인들이 입사 3년 차, 5년 차, 7년 차에 조직에 회의를 느끼고 이직을 고민하는 일이 많다는 이른바 '3·5·7 법칙'이 존재하기는 했지만 밀레니얼의 퇴사 양상은 달랐다. 일단 입사 3년 미만 내의 직원들, 특히 입사 1년이 채 안 된 직원들 다수가 회사를 떠났다. 젊은 직원이 이직 의사를 밝히는 경우, 이전 세대는 선배들이 술을 사주며 회사의 비전도 들려주고, 자신도 비슷한 시기에 비슷한 고민을 했다는 이야기를 해주면 다음날 '다시 잘해 보겠다'고 마음을 돌리는 경우가 많았다. 반면 다수의 밀레니얼 세대는 그렇게 술을 얻어먹고 다음날 태연하게 '안녕히 계세요'라고 말하며 홀연히 조직을 떠나 버렸다. 이직할 곳이 딱히 정해져 있지 않은 경우에도 마찬가지다. 그래서 '퇴사한 밀레니얼은 죄다 산티아고 순례길에서 자아를 찾는 중'이라는 농담도 나오곤 했다.

최근 신입 사원을 많이 뽑은 기업의 경우, 밀레니얼 세대가 30퍼센트에 육박하기도 한다.[60] 그런데 이들이 1~2년 만

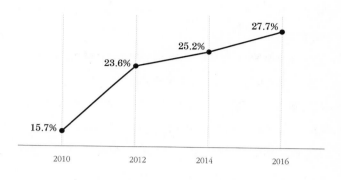

대졸 신입 사원 1년 이내 퇴사율

27.7%

25.2%

23.6%

15.7%

2010   2012   2014   2016

* 한국경영자총협회, 〈2016년 신입 사원 채용 실태 조사〉

에, 혹은 '이제 일을 제법 한다'는 평을 듣게 되는 입사 3년 정
도가 지나면 회사를 나가는 경우가 많아지면서 이들을 퇴사
하게 만드는 기성 조직 문화와 관습에 대한 반성이 시작됐다.

한국경영자총협회가 2016년 발표한 자료에 따르면,
2010년 15.7퍼센트에 불과하던 대졸 신입 사원 1년 내 퇴사
율은 2012년에는 23.6퍼센트로 훌쩍 뛰었고 2016년에는 거
의 28퍼센트에 이르는 것으로 나타났다. 중소기업으로 분류
되는 300인 미만 기업에서는 그 비율이 30퍼센트를 넘겼다.
2012년부터의 1년 이내 퇴사율은 사실상 밀레니얼 세대의
퇴사율이라 볼 수 있다.

Z세대의 퇴사율은 더 높은 편이다. 구인 구직 플랫폼 사람인의 최근 조사 결과 입사 1년 차 신입 사원의 퇴사율은 무려 48.6퍼센트였다. 현재 신입 사원 대다수는 Z세대인데, 이들은 밀레니얼 세대보다 더 험난한 취업난을 넘어 입사했음에도 거의 절반이 1년 안에 회사를 떠났다고 볼 수 있다. 실제로 다음소프트가 2014년 1월 1일부터 2019년 2월 26일까지 각종 블로그와 소셜 미디어에서 'Z세대' 단어와 연관된 단어 언급량을 분석한 결과에 따르면, 2019년 처음으로 '새해 결심 키워드'에 '퇴사'가 8위에 오른 것으로 나타난다. 즉 스스로 Z세대임을 밝힌 사람이든, Z세대의 관찰자이든 Z세대의 새해 결심과 퇴사가 높은 상관관계를 보인다는 것이다. Z세대 사이에서는 퇴사가 무려 '새해 결심'이 되기도 하는 것이다.[61]

'퇴사 열풍'은 기업 입장에서는 엄청난 비용이다. 채용과 선발 그리고 업무 투입을 위한 교육에 쏟아부은 기업의 막대한 자원과 비용이 그대로 사라지는 셈이기 때문이다. 한 대기업 인사 담당자는 언론 인터뷰에서 '좋은 인재를 선발하고 육성하기 위해 많은 비용을 투입하는데, 이제 퇴사율이 그런 비용 내에서 감당할 수 있는 임계점을 넘어서고 있다'고 밝혔다.[62]

문제는 기존의 한국 기업 조직이 갖고 있는 관습과 조직 문화다. 이를 상징하는 것이 수년 전부터 유행한 '꼰대론'이다. 공교롭게도 꼰대론이 대두된 시기는 밀레니얼 세대부터 Z세대까지 이어지고 있는 퇴사 열풍의 시기와 겹친다. 젊은 직원들이 왜 퇴사하는지에 대한 힌트를 주는 셈이다. 'Latte is Horse(나 때는 말이야)'[63]로 대표되는 과거 지향적 화법과 나이·연차·위계에 대한 불필요한 강조, 무의미한 눈치 보기식 야근, 술을 강권하는 회식 등은 밀레니얼과 Z세대와는 상극이다. 온라인 커뮤니티와 소셜 미디어상에서 평등과 합리성을 토대로 커뮤니케이션을 해온 밀레니얼 세대와 그런 성향이 더욱 강한 Z세대에게 '내가 윗사람이니까 무조건 말을 들어야 한다', '직장 상사가 따라 주는 술은 마셔야 한다', '우리 젊은 시절에는 더했다'는 식의 말은 전혀 먹히지 않을 뿐더러 반감만 강하게 일으킨다. 이전의 '신세대'들은 기성세대에 반발하면서도 결국에는 기존 조직 문화에 적응했지만, 밀레니얼 이후 세대는 불합리하다고 생각하는 부분에는 저항하고 필요하면 퇴사마저 불사한다. MZ세대는 '대학 생활은 잠깐, 직장은 평생'이라는 50대 상사나 임원의 말을 한 귀로 흘려듣는다. 급변하는 시대를 목격하면서 쉼 없이 적응해 온 이들 세대에게는 지금의 직장, 그 회사가 속해 있는 산업군의 지속성 자체도 의문이며 '내가 돈을 받은 만큼 충실하게 일해 주면 그만이지 충성심을 요구할 수는 없다'는 생각이다.[64] 이들이 '가족 같은 회사'라는 말을 혐오하는 이유다. 회사와 직원은 계약 관계이고 임직원 간의 관계는 업무상 관계이지 절대 가족일 수 없다는 생각이다. 심지어 '가'와 '족' 글자를 일부러 '가 족같은 회사'라고 띄어 쓰면서 그러한 표현 자체를 비튼다.

이들이 참을 수 없는 또 한 가지는 형식 때문에 혹은 직속 임원의 기분에 맞추기 위해 쓸데없는 보고서 수정을 반복하는 보여 주기식 업무다. 유튜브에서 '~하는 법'을 찾아 빠르고 효율적으로 그리고 효과적으로 학습하고 소통하던 Z세대에게는 경악스러운 일이 되기까지 한다.[65] 별로 중요하지 않거나 고객이나 시장 관점에서 꼭 필요하지 않은 일을 '윗분'이 지나가다가 한마디 했다고 갑자기 모두가 매달리기 시작하는 조직 문화도 MZ세대에게는 그 자체로 퇴사 사유다. 심지어 극악의 경쟁률을 뚫고 합격해 얻게 된 공무원 자리라도 마찬가지다.

기성 조직 문화와 새로운 세대의 충돌은 한국에만 국한된 일이 아니다. 밀레니얼 세대는 물론 Z세대가 직장에 들어오기 시작한 후, 효율성이라는 미명하에 위계적인 피라미드 조직을 갖춰 성장 시대를 지나 왔던 대부분의 선진국에서 비슷한 갈등이 벌어지고 있다. 글로벌 회계 및 컨설팅 기업 딜로이트의 2017년 보고서에 따르면, 밀레니얼 이후 세대 직장인들의 44퍼센트가 '기회가 주어진다면 2년 내에 직장을 떠날 것'이라고 답했다. 이유로는 리더십 개발의 기회 부족 및 승

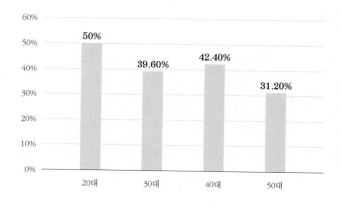

'충성 강요는 꼰대질이다'에 동의하는 비율

- 60%
- 50% — **50%** (20대)
- 40% — **39.60%** (30대), **42.40%** (40대)
- 30% — **31.20%** (50대)
- 20%
- 10%
- 0%

20대　　30대　　40대　　50대

* 마크로밀 엠브레인

진 제외, 일과 개인 생활의 균형, 근무 환경 유연성 등을 꼽았다. 전 세계의 밀레니얼 이후 세대를 대상으로 한 조사이지만 한국 MZ세대의 특성과 별반 다르지 않음을 알 수 있다. 이들 세대의 특징은 선택의 자유를 중시한다는 것이다. '시키는 대로 하라', '원래 이렇게 하는 것이니 따르라'는 말은 전혀 먹히지 않는다는 게 세대 전문가들의 설명이다. MZ세대와 그 이전 세대의 차이를 만든 경험은 한두 개가 아니지만, 음악 순위와 청취의 측면만 봐도 그 차이가 바로 드러난다. 〈가요 톱10〉과 같은 공중파 순위 프로그램을 통해 남이 정해준 순위와 순

서대로 노래를 듣던 세대와 자신의 취향대로 수백, 수천 곡의 노래를 골라 자신만의 순위를 만들어 듣던 세대는 일상의 가치관부터 직장과 업무를 대하는 태도에 이르기까지 다를 수밖에 없다.[66]

MZ세대 직원의 이 같은 성향은 1980년대 초중반 태생(전기 밀레니얼)에서 1980년대 후반~1990년대 초반 태생(후기 밀레니얼) 세대, 그리고 그 이후 세대인 Z세대로 내려올수록 강해진다. Z세대에게는 퇴사마저 콘텐츠가 된다. '퇴사 브이로그'를 검색해 보면 퇴사 준비, 실제 퇴사하는 날의 일상과 그 이후의 삶을 담은 수많은 영상들을 볼 수 있다. Z세대답게 장문으로 소회를 밝히거나 상황을 묘사하지 않고 그저 영상으로 찍어 보여 줄 뿐이다. 이런 세대에게 '퇴사하면 네 미래는?' '세상은 정글이니 함부로 나가서는 안 된다'는 식의 설득이 먹힐 리 없다.

기업의 고민은 이렇게 조직을 뛰쳐나가는 이들이 부적응자 혹은 무능력자가 아니라는 데에 있다. 조직을 관리해야 하는 기성세대 임직원 입장에서는 MZ세대의 퇴사를 막고 조직에 적응시킬 수 있도록 조직을 변화시켜 나가야 한다. 아무리 좋은 제도를 만들어 둔다고 하더라도 실제 실행이 이뤄지지 않는다면 MZ세대에게는 더 큰 회의감을 유발할 수밖에 없다. 야근을 하도록 사실상 강요하면서도 막상 야근 신청을 하러 접속하면 '52시간 이상은 입력할 수 없다'는 메시지가 뜬 다면 '법도 제대로 안 지키는 회사가 희생과 충성만 강요한 다'는 생각을 하게 되지 않겠는가. MZ세대의 마음을 대변하는 '직장 일상 일러스트'로 유명한 작가 양경수의 그림 에세이에 나온 한 마디가 그들의 심정을 잘 드러낸다. "아, 보람 따위 됐으니 야근 수당이나 주세요."

수평적이고, 선한 조직

수년 전부터 대한민국 조직을 뒤집어 놓고 있는 밀레니얼 세대, 그들보다 한술 더 뜬다는 Z세대는 도대체 무엇을 원하는 것일까? 그들과는 어떻게 일해야 할까? 사실 Z세대는 본격적으로 사회에 진출하기 시작한 지 얼마 되지 않았다. 1996년 이후 출생자라는 정의를 따르면 2020년 현 시점에 20대 중반이다. 여성들은 취업을 시작했지만 한국에서 군대를 다녀온 남성 Z세대의 경우 다수가 아직 취업 전이다. 앞으로 Z세대가 회사에 무엇을 요구하고 어떤 방식으로 일하게 될지는 밀레니얼, 특히 1980년대 중후반 이후 출생한 후기 밀레니얼 세대가 어떻게 조직을 바꿔 놨고, 어떤 문제를 제기했는지 살펴보면 많은 힌트를 얻을 수 있다.

　　무작정 퇴사하는 밀레니얼이 많다고는 하지만, 실제로는 이직이 많이 이루어진다. 기성 조직의 특징, 즉 제조업 및 금융업을 기반으로 한 전통적 조직 문화를 가장 많이 갖고 있는 대기업에서 카카오, 네이버를 비롯한 판교 테크노밸리의 IT 기업을 찾아 떠난다. 2020년 5월에는 네이버의 금융 자회사 네이버 파이낸셜에서 경력 직원 공채를 열었는데, 최근 가장 귀하다는 빅데이터 분석 및 AI 전문가들이 몰려들어 한 달 동안 올리기로 했던 채용 공고가 5일 만에 내려갔다. 지원자들 중 상당수는 금융권과 4대 그룹 등 대기업에 재직 중인 이들이었다고 한다. 2016년 KB 금융그룹에서 합작 회사인 카카오뱅크로 15명의 직원을 보냈는데 지난해 말 복귀 시점에 아무도 돌아오지 않고 카카오뱅크에 남기로 했다는 것은 꽤 유명한 일화다.[67] 4대 그룹과 금융사 연봉이 상당히 높은 편임을 감안하면, 이러한 이직 흐름은 '워라밸과 조직 문화' 때문인 것으로 풀이된다. MZ세대가 열광하는 수평적 조직 문화로 유명한 카카오를 사례로 들어 보자. 다른 판교 테크노밸리의 선도적 IT 기업들과 마찬가지로 이 회사에도 MZ세대의 뛰어난 개발자, 빅데이터·AI 전문가, 블록체인 전문가 등이 모여든다. 구인 구직 사이트 잡플래닛의 '우리 기업을 추천하겠냐'고 묻는 질문에 '그렇다'는 대답을 하는 직원의 비율은 80~90퍼센트 사이를 오간다. 이는 글로벌 IT 기업에 버금가는 수준이다.[68] 비밀은 조직 문화에 있다. 직원들은 '~님'이라는 존칭형 호칭조차 필요 없이 모두가 영어 이름으로 서로를 부른다. 창업자인 김범수 의장도 직원들에게 '브라이언'이라고 불린다. 임원과 직원의 구분이 없고, 모두가 'crew'에서 따온 '크루krew'라고 불린다. 외부에서 볼 때 임원에 속하는 이들조차 자신의 방이 없을 만큼 평등한 구조다(필자가 취재를 위해 카카오를 방문해 만난 임원급 크루는 자신의 방이 없어 인터뷰를 위한 회의실 하나를 직접 예약해 뒀다). 때론 비효율적이라 느껴질 정도로 회사의 모든 정책과 프로젝트를 공개하고 공유하며 논쟁하기도 한다. 이 모든 것은 MZ세대가 가장 일하고 싶은 방식, 다니고 싶은 회사의 모습이다. 물론 4대 그룹과 같은 대기업, 금융사, 전통적인 제조업 기반 기업들이 카카오와 같은 조직 문화를 갖기는 어렵고, 그것이 꼭 바람직하지도 않다. 그래도 카카오 사례가 MZ세대에게 동기 부여를 하고 이들과 함께 일하기 위한 중요한 포인트를 많이 보여 준다는 것은 부인할 수 없다.

조직 문화만 바꾼다고 해서 모든 문제가 해결되는 것도 아니다. MZ세대가 가장 선호하는 글로벌 기업이라는 구글의 전 세계 직원들이 2018년 11월 업무를 거부하고 가두시위를 벌인 적이 있다. 얼핏 보면 임금 인상 등을 요구하는 파업 같지만 내용은 전혀 달랐다. 시위를 주도한 이들은 가장 애사심이 높고 가장 유능한 인재로 인정받는 MZ세대였다. 내부 성희롱 사건을 일으킨 고위 임원이 고액의 퇴직금을 받고 회사를 나갔고 회사는 이를 축소·은폐하려 했다는 게 이유였다. 이는 '악해지지 말자Don't be evil'를 기치로 내건 구글의 철학에 어긋난다는 게 직원들의 생각이었다. 이를 '구성원 행동주의 employee activism'라 하는데, 직원들이 적극적으로 자신의 의사를 개진하고 뜻을 같이하는 동료들과 자발적으로 집단행동을 하는 것을 의미한다. 주로 근로 조건을 놓고 벌이던 이전의 노조 활동과 달리 '사회적으로 중요한 가치'에 회사가 위배되는 행위를 했을 경우에, 혹은 사회적으로 바람직한 일을 하라고 회사에 요구하는 경우에 주로 나타나는 활동이다. 아마존에서는 '기후 변화 예방 활동에 참여하라'는 요구를 내걸고, 마이크로소프트에서는 인명 살상을 위한 군사용 목적의 기술을 제공하지 말라는 요구를 하며 직원들이 행동에 나서기도 했다. 물론 주도한 이들은 MZ세대 핵심 인재들이었다고 한다. 아직 한국에서는 이런 모습이 많이 나타나지 않고 있지만, '지구인 정체성'을 가진 Z세대가 조직에 많이 들어올수록 유사한 행동주의가 나타날 가능성이 크다. 단순히 조직 문화만 수평적으로 바꾼다고 끝나는 게 아니라, 핵심 인재를 놓치지 않기 위해서는 '선한 기업'이 되기도 해야 한다는 의미다.

Z세대에게 물어보라

Z세대 전문가이자 컨설턴트인 이한규는 최근 1~2년 사이 주

로 Z세대 인턴 직원들과 일하면서 파악한 특징을 설명한다. Z세대와 처음 같이 일하면 '뭔가 산만하다'는 느낌을 받게 된다. 회의 중에도 자꾸 스마트폰을 들여다보는데, 밀레니얼 세대도 이 정도는 아니었다. 그래서 '예의가 없다'거나 '스마트폰 중독자들'이라고 생각하기 쉽지만, 이는 상당히 큰 오해다. Z세대 직원 중 다수는 스마트폰을 보며 '딴짓'을 하는 게 아니라 지금 회의에서 오가는 이야기 중 어렵거나 이해가 안 되는 점을 검색하거나, 동료에게 물어보거나, 메모장에 회의 내용의 주요 포인트를 메모하는 중이다. 어릴 때부터 스마트폰을 몸의 일부로 생각해 왔기 때문에 이 정도 멀티태스킹은 그다지 어렵지 않다. 또 이들은 검색해도 잘 안 나오고 모르는 게 있으면 그 자리에서 바로 물어본다. 이한규는 자신이 처음 컨설턴트로 일하기 시작할 때는 물론 비교적 최근까지도 '컨설턴트는 잘 모르면 함부로 얘기하지 말고 일단 다 듣고 나중에 공부해야 한다', '논리나 지식에서 고객에게 허점을 보여서는 안 된다'는 걸 철칙으로 여겨 왔다고 말한다. 그런데 Z세대는 같이 프로젝트를 진행하다가 혹은 회의를 하다가 궁금하거나 모르는 게 있으면 누군가에게든 물어보고, 그 자리에서 검색해 보며 이상한 건 이상하다고 그때그때 말한다.[69] 이런 특성을 가진 Z세대는 이제 여러 조직으로 흘러들어 오고 있다. 이들을 오해하고 예의 없다 생각하지 말고 받아들일 준비를 해야 하는 것이다.

그렇다면 기업들은 도대체 무엇을 해야 하는 걸까? 관리자, 임원의 입장에서는 상당히 골치가 아플 것이다. 그동안 기성 조직 문화에 저항하고 여러 관행과 제도에 균열을 내왔던 밀레니얼 세대에 겨우 적응하나 싶었더니 '밀레니얼 세대 강화판'인 모바일 네이티브이자 포노 사피엔스인 Z세대가 들어오기 시작했기 때문이다. 기업가들의 고민과 이익을 대변하는 대한상공회의소에서는 2020년 4월 〈한국 기업의 세대 갈등과 기업 문화 종합 진단 보고서〉를 통해 기업 내 세대 갈등을 해소하기 위한 방안을 제시했는데 눈여겨볼 내용이 많다. 우선 조사에 참여한 직장인 1만 3000명 중 약 64퍼센트는 세대 차이를 느끼고 있다고 답변했다. 세대 차이가 업무에 부정적인 영향을 끼친다고 답한 비율은 20대 41.3퍼센트, 30대 52.3퍼센트, 40대는 38.3퍼센트에 달했고 50대의 경우에만 30.7퍼센트로 상대적으로 낮았다. Z세대와 밀레니얼 세대인 20대와 30대는 물론, 기존 X세대인 40대마저도 조직의 업무 관행이 합리적이지 못하고 리더의 지시가 명확하지 않다고 생각하는 비율이 절반 이상이었다. 이 보고서는 세대 갈등을 넘어서기 위해서는 '가족 같은 회사'에서 '프로 팀 같은 회사'로 조직의 체질을 바꿔야 한다고 지적한다. 선수는 팀과 연봉 계약을 해서 열심히 뛰고, 성과에 따라 팀이 선수가 원하는 것을 주는 스포츠 팀 같은 운영 방식으로 조직이 바뀌어야 한다는 의미다. 프로 팀 같은 기업 문화를 위해서는 다섯 가지 변화가 필요하다. 조직에 대한 '무조건적인 헌신'에서 '가치 있는 헌신' 문화로, 부리는 자와 부림을 당하는 자에서 수평적 상호 존중의 문화로, 관계와 서열 중시 문화에서 성과와 결과로 말하는 문화로 바꾸고, 동기 저하를 유발하는 보상 체계를 개선해 보상과 인정을 명확히 하고, 입사 후 멈춘 학습을 다시 시작해 훈련과 성장을 일상화해야 한다는 것이다. 다섯 가지 포인트는 Z세대가 들어와 일할 조직에서 반드시 필요한 변화로 보인다.

그렇다면 진정 Z세대가 원하는 것, 그들의 속마음은 어떻게 알 수 있을까? 앞서 몇 가지 이직과 관련한 통계 수치를 살펴봤다. 밀레니얼 세대는 그래도 3년 가까이 조직에 머물다 나가는 경우가 많았지만 Z세대는 1년을 못 채우는 경우가 허다하다. 조직이 맘에 안 들면 바로 떠난다. 다만 밀레니얼 세대보다 분명하게 말을 한다. 왜 떠나고, 무엇이 마음에 안 들었는지를 직간접적으로 말하고, 무엇에 불만이 있고 무엇이 문제라 생각하는지를 평소에도 말하고 있다. 회의 시간에 '뭘 모르는 신입 사원의 말'이라 생각지 말고 그들의 지적 사항을 잘 들어 볼 필요가 있다. 밀레니얼 세대까지만 해도 회사에서 '소통한다'는 명분으로 만든 공식적인 미팅 자리에서 굳이 불만을 말하지 않았지만, Z세대는 직간접적으로 불만을 말하는 세대다. 정 듣기가 어려우면 직장인 커뮤니티 블라인드 게시 글이나 사내 익명 게시판이라도 잘 살펴볼 필요가 있다. 이들에게 귀 기울인다면 조직의 진짜 문제가 무엇인지, 개선책은 무엇인지 이전보다 더 찾기가 쉬울 수도 있다는 뜻이다. 각 회사나 조직마다 업의 특성이나 조직 문화 특성에 따라 조직에 새로 입성하는 Z세대의 특성과 니즈, 불만을 파악하고 그들에게 동기를 부여해 함께 일하며 성과를 내는 방법을 찾아야 하는데, 이것이 생각만큼 어렵지 않을 수 있다. Z세대의 불만, 원하는 바를 듣고 당장 고치거나 해결할 수 있는 것은 해결해 주고, 시간이 걸리거나 어떤 이유에서든 해결이 어려운 문제는 잘 설명해 주면 Z세대도 이를 이해한다. '내 이야기가 무시당하지 않고 전달되고 있다'는 확신이 들면 조직과 리더에 마음을 여는 것이다.

《90년생과 일하는 방법》의 저자 윤영철은 직장과 조직의 선배들이 생각하는 리더십과 지금의 Z세대 혹은 1990년대생 직장인·조직원들이 원하고 바라는 리더십에 큰 차이가 있음을 지적한다. 기존의 바람직한 리더상이 '성과를 내는 냉철하고 도전적인 리더'였다면, MZ세대, 1990년대생이 기대하는 리더십은 '자신들의 이야기를 경청하고 칭찬과 격려를 아끼지 않으며 개선점을 피드백하는 따뜻한 리더'다. 이들 세대에게 리더십을 발휘하기 위해서는 후배가 관심을 갖는 일상의 잡담으로 말문을 트고, 사전에 정서적 교감을 통해 후기 밀레니얼 혹은 Z세대 후배의 평소 일을 대하는 자세와 방식, 일의 몰입도를 관찰해야 한다.[70] 이 과정에서 중요한 것이 평소의 교감이며 '듣는 태도'다. 대화의 70퍼센트 이상을 경청에 할애하면 실제 Z세대 직원이 느끼는 문제, 그가 생각하는 방식과 동기 부여 방법 등에 대한 힌트를 얻을 수 있다는 것이다. 단, 매우 주의해야 할 점이 있다. 절대로 사생활을 침해하는 질문을 통해 교감하려는 시도를 하지 말라는 것이다. 애인은 있는지, 결혼은 언제 할 것인지, 애는 언제 낳을 것인지 등 민감한 개인 사생활은 물론, 지난 주말이나 휴가 때 구체적으로 무엇을 했는지 등은 Z세대 후배가 먼저 상담해 오거나 밝히는 경우를 빼고는 굳이 대화의 주제로 삼을 필요가 없다. 아니 절대 주제로 삼지 말아야 한다. 연애와 결혼, 자녀 계획 등은 '친근함'의 영역이 아니라 '사생활 침해'의 영역이고 밀레니얼 세대, 그리고 Z세대는 이런 영역 침범에 매우 민감하다. 친근하고 따뜻하게 다가가려다 오히려 사이가 틀어지고 '꼰대' 소리를 듣는 경우가 바로 이 지점에서 발생한다.

지금까지의 논의를 토대로 Z세대 직원들과 함께 일하기 위한 조직 문화의 10가지 원칙을 다음과 같이 정리할 수 있다.[71]

① 작고 수평적인 조직 구조 유지

② 위계에 따른 차이 줄이기

③ 인사권 일임하지 않기*

④ 스마트하고 자율적인 업무 방식

⑤ 개방적이고 투명한 소통을 위한 노력

⑥ 호칭에 숨은 위계 깨뜨리기

⑦ 실패를 허용하는 분위기

⑧ 유연하고 창의적인 공간 활용

⑨ 까다로운 구성원 선발**

⑩ 수평적 리더십을 실천하는 관리자

* 업무를 함께하는 상사가 모든 인사권을 쥐고 성과 평가를 하는 구조는 줄 세우기와 사내 정치를 유발하고, 이는 MZ세대가 가장 혐오하는 문화다. 실질적 피드백이 이루어지도록 다양한 방식의 평가 분산이 필요하다.

** 자율적인 업무 방식, 실패를 허용하는 분위기 속에서 자신의 이익을 추구하는 사람이 아닌 자발적으로 업무 성과와 노력으로 연결시킬 수 있는 인재를 선발해야 한다.

다양한 국내외 기업 및 스타트업 사례와 여러 연구 결과를 토대로 정리된 것인데, 일반적 원칙이기에 모든 조직에 동일하게 10가지 전부를 적용하기는 어렵다. 각각의 조직마다 이를 대원칙으로 삼되 적용 가능한 부분만 실험적으로 실행해 보면서 나름의 해법을 찾아갈 필요가 있다. 예를 들어, 말 그대로 '관료제'가 운영 원칙일 수밖에 없는 공무원 조직에서 위계를 없애거나 줄이는 노력을 하거나 작고 수평적인 조직 구조로 전면 개편하는 것, 호칭을 바꾸는 것 등은 매우 어려울 수 있다. 정책 실패가 국민 생활에 큰 불편을 야기하는 공공 조직 특성상 일반 스타트업처럼 무조건 '실패를 허용하는 분위기'를 만들기도 어려울 것이다. 그러나 어느 조직이든 최소한 개방적이고 투명한 소통을 위한 노력을 기울이고 수평적 리더십을 실천하는 것은 가능하다. 아무리 보수적이고 관료적인 조직이라도 이처럼 가능한 지점에서 시작한다면 Z세대와 함께 일할 수 있는 문화를 만들어 갈 수 있을 것이다. 회의 시간에 의무적으로 질문이나 발언(질문이 창의성을 발휘하게 하므로 더 좋다)을 하도록 하고 절대 그 발언이나 질문으로 인해 피해를 입지 않도록 리더십을 발휘하는 것, '왜'라는 질문이 가능하도록 분위기를 만들어 주는 것 등은 꼭 시도할 필요가 있다. 이는 결코 시간 낭비나 비효율이 아니다. 조직의 리더들은 항상 자신이 자기가 생각하는 것보다 긴 시간 많은 얘기를 하고 있다는 것을 염두에 둘 필요가 있다.

'대부분의 조직에서는 저런 원칙을 지켜 Z세대의 성향에 조직을 맞추면서 성과도 내는 것은 불가능하다'고 생각하는 사람들이 있을 것이다. 쉽지는 않지만 가능하다. 어느 조직보다 위계 서열이 강한 대한민국의 국가 대표 축구팀을 이끌고 Z세대 맞춤형 리더십을 발휘해 성과를 낸 성공 사례가 있다. 2019년 FIFA U-20 월드컵에서 준우승을 차지한 한국 축구 대표 팀과 리더 정정용 감독이다.[72] 사실 대회 시작 전만 해도 한국 대표팀은 '이강인 선수 빼면 아무도 없다'는 얘기가 돌 정도로 '역대 최약체'라는 평가를 받았다. 그런데 정정용 감독이 팀을 이끌면서 남다른 리더십으로 Z세대 선수들에게 동기를 부여하고 역량을 끌어내 역사상 최고 수준의 성적을 냈다. 우선 무엇보다 '자율'을 중시했다. Z세대에게는 스마트폰이 도구가 아니라 몸의 일부라고 생각해 자유 시간에는 아무런 제약 없이 스마트폰을 사용할 수 있도록 했다. 몸 풀기 족구 경기에서는 상대편이 된 20년 후배 선수가 감독에게 '도발'을 할 수 있을 정도로 수평적인 소통 방식과 문화를 형성했다. 또 경기 과정이 마음에 들지 않으면 꾸짖는 대신 기록된 영상을 통해 무너지는 수비 라인을 보여 주며 선수들 스스로 깨닫게 만들었다. 위임도 철저히 했다. 세트 피스 훈련, 수비 훈련은 각각의 코치진에게 일임했고 본인은 코치진의 의견을 수렴하고 정리해 최종 결정을 내리며 책임을 지는 역할만 수행했다. '왜'를 묻는 선수들에게는 꼼꼼하게 답변을 해줬고, 각 선수의 성향을 파악해 그에 맞는 코칭을 했다. 대한민국은 물론 전 세계 기성 조직과 대기업을 당황시키고 있는 새로운 종족 Z세대에게 어떤 방식으로 동기 부여를 하고 어떻게 함께 성과를 내야 하는지 보여 주는 모범 사례라고 할 수 있다.

XYZ 세대 연립 방정식

여전히 많은 기업의 관리자들에게 Z세대와 함께 일하는 것은 쉽지 않은 과제다. 글로벌 명품 브랜드 구찌처럼 밀레니얼과 Z세대의 특성을 활용해 젊은 세대로부터 배우는 '리버스 멘토링'[73]에 성공한 사례도 있지만 다른 업종이나 기업에서 따라 하기는 쉽지 않다. 결국 MZ세대를 기존의 50대 임원이 아닌 40대 중간 관리자를 활용해 이끄는 것이 대기업 등의 기성 조직에서는 가장 합리적이고 성공 가능성이 높은 대안이다. 이는 지금의 40대 구성원의 거의 절대 다수를 차지하는 X세대의 특성 때문에 가능한 일이기도 하다. 지난해 《경향신문》 뉴미디어 팀은 '그 X는 사실 대단했다'라는 제목으로 밀레니얼이 쓰는 X세대 리포트 기사를 내보내 꽤 큰 반향을 일으켰다. 사실 지난해부터 Z세대에 대한 논의가 폭발하면서 X세대, 즉 지금의 40대는 함께 화제가 되기 시작했다. 이는 자연스러운 흐름이다. Z세대의 성장 과정을 들여다보면 부모 세대와의 관계, 소통 방식 등이 가치관 형성에 큰 영향을 줬다. 이는 현재 10대인 Z세대의 부모 중 대다수를 차지하는 X세대가 그 이전 세대와는 다른 성향을 갖고 있는 것과도 연결된다. 특히 한국의 경우 더 그렇다.

X세대는 이미 1990년대에 20대로서 한국 사회를 뒤집어 놓았다. 기존의 관습에 따르지 않고 부당하거나 잘못된 게 있으면 강하게 문제를 제기했고, 옷차림부터 말투, 향유하는 문화까지 모두 파격적이었다. 역사적으로 신세대, 10~20대는 항상 파격을 추구하고 저항 의식을 공유했지만 X세대, 특히 한국의 X세대는 최초의 탈권위, 개인주의 세대였기에 의미가 남다르다.[74] 세대 전문가들에 따르면 X세대는 우리나라 최초의 개인주의 세대다. 타인을 의식하기보다 자신에게 충실하고, 남들과 다르게 살고자 한 첫 세대인 것이다. 그러나 이들은 1990년대 후반 IMF 외환 위기의 직격탄을 맞으면서 '생존'을 화두로 삼게 됐고, 이에 따라 실제 사회생활에서 '개인주의의 시대'를 열어젖히는 데는 실패했다.[75] 실제 많은 X세대는 집단주의 성향이 강한 베이비 부머(1950~1960년대 출생자, 한국의 경우 86세대 포함) 세대의 영향하에 계속되는 구조조정과 경쟁 상황, 2008년 다시 찾아온 글로벌 금융 위기 등을 거치면서 '침묵하는 세대', '존재감이 약한 세대'로 전락하

기도 했다.

그러나 도저히 기성 조직을 견딜 수 없던 X세대는 일찌 감치 기성 조직으로부터 이탈하기도 했다. 이탈한 이들 중 예술가적 재능이 있고 '손재주'가 있던 이들은 문래동에서 목공을 하거나 강원도 어딘가에서 커피를 내리며 한국 사회 최초의 '힙스터'가 됐다. 강원도 양양의 해변을 서핑족의 명소로 바꾼 것도 이들이 주도했다. 예술이나 손재주보다는 '공부' 재능이 강했던 X세대는 IMF 위기를 지나며 어렵게 취직한 직장을 때려치우고 다시 한의대에 들어가거나 로스쿨에 입학해 한의사나 변호사 자격증을 얻고 출세가 아닌 자유를 추구하면서 살기도 한다. 법조인이 된 이들은 굳이 '판검사'가 되려하거나 대형 로펌에서 힘들게 일하려 하기보다 적당한 월급만 벌 수 있으면 만족하고 변호사 일을 하거나, 어려운 사람을 변호하는 일에서 보람을 찾는다. 한의사가 된 이들도 굳이 환자가 많이 찾아오는 곳에 개업하거나 대형 병원에서 일하려하기보다 자기 고향 주변에 개업해 소소하게 지인들과 만나고 일상을 즐기는 경우가 많다.

그럼에도 불구하고 X세대 다수는 기성 조직에 남았고, 그렇게 '꼰대'가 돼 가는 듯 했다. 그런데 밀레니얼 세대가 들어와 조직을 뒤집어 놓고, 뒤이어 더 강한 Z세대가 들어오면서 생존만이 화두였던 X세대, 기성 조직 내 40대는 바뀌고 있다.[76] 세대 전문가인 국민대 경영학과 교수 이은형은 X세대는 몸은 선배 세대와 같이하지만 마음은 후배 세대와 닮아 있다고 분석한다. 밀레니얼 세대가 외치는 이야기는 X세대가 과거에 생각했지만, 속 시원히 말하지는 못했던 내용이다. 이들은 밀레니얼 세대를 보면서 '쟤네들은 속 시원히 표현한다'는 인상을 받는다. 심정적으로 밀레니얼 세대에 공감하고 동의한다는 것이다.[77] 그는 필자와의 인터뷰에서 밀레니얼과 Z세대가 조직에 미치는 영향을 연구하다 보니 그동안 86세대의 그늘에 가려 있던 X세대를 재발견하게 됐다고 말했다. 지금까지 '포스트 86세대' 정도로 취급받았던 X세대가 MZ세대의 등장으로 각성해 '프리pre-밀레니얼'로서의 정체성을 갖게 됐다는 것이다. 조직 내 MZ세대의 문제를 푸는 열쇠는 이들이 갖고 있다. 앞서 '충성 강요는 꼰대질'이라는 말에 동의하는 비율이 X세대(40대)에서 밀레니얼 세대보다 오히려 높게 나타나는 것 역시 '프리-밀레니얼'로서의 X세대를 이해하면 충분히 납득할 수 있을 것이다.

　밀레니얼, 즉 Y세대는 지난 수년간 '퇴사'를 외치고 조직을 떠났지만 많은 이들이 남아 있다. 어떻게든 적응도 하고 조직을 바꾸기도 하면서 정착하는 중이다. 조직에 새로 들어오기 시작한 Z세대를 보면서는 '또 다르다'는 생각에 당황하기도 한다. 앞선 세대인 X세대는 회사에서의 위치상 결정적인 순간에는 '조직 논리'를 들이대니 불편하고 서운하게 느낀다.

'생존'이 화두였던 X세대는 처절하게 조직에 적응했고 Y세대는 마지못해 적응하고 있다면, 이제 갓 조직에 들어온 Z세대는 더 적극적으로 저항하며 적응을 사실상 거부하고 있다고 볼 수 있다. 조직 입장에서는 이 세 세대의 연립 방정식을 풀어야 한다. 쉽지는 않지만, 전혀 불가능한 것도 아니다. X세대 이후 Z세대까지 관통하는 하나의 성향이 있다면 자유주의적 개인주의다. 이것이 X세대에서는 '개성'이라는 말로 드러났고, 밀레니얼 세대 이후에는 '취향'이라는 단어로 표현되고 있다. 일부 차이는 있지만 결국 XYZ 세대가 전체적으로 지향하는 바가 완전히 다르지는 않다는 의미다. X세대 위 세대인 베이비 부머와 86세대는 X세대에게 이들이 좋아하는 방식대로 소통하도록 위임하고, 특히 최근 재발견한 '프리-밀레니얼'로서의 정체성과 성향을 맘껏 발산하도록 해야 한다. X세대를 가교로 삼아 MZ세대와 소통하고 조직을 더 수평적이고 창의적이며 혁신적으로 바꾸는 것이다. 곧바로 MZ세대와 연결되기는 어렵고 권력 거리(권력을 가진 사람과 그렇지 않은 사람 간 사회적 거리)가 먼 한국 조직의 특성상 '리버스 멘토링'도 쉽지 않기 때문에 위 세대가 X세대를 잘 활용할 필요가 있다. 이런 상황 속에서 Y세대는 X세대를 적대시하지 않고, Z세대를 불편해하지 않으며 X세대와 협력한다면 한국 조직 내에서 최초로 '개인주의 세대 연합'을 구성해 조직을 바꾸는 시도를 해볼 수 있을 것이다. 약 20년 전 X세대가 꿨던 꿈은 밀레니얼 세대의 조직 입성을 통해 시작됐고, Z세대의 등장을 통해 완성될지도 모른다.

에필로그

Z세대 공략법과
모바일 네이티브의 역설

지금까지 Z세대의 성장 과정, 소비자로서의 특성, 이들과 함께 일하는 법을 살폈다. 마케팅이나 HR 측면에서 다각도로 분석하면서 여러 사례를 다뤘지만, 여전히 막막한 독자들도 있을 것이다. 그럴 수밖에 없다. 모바일 네이티브로서 스마트폰을 도구가 아닌 신체의 일부로서 사용하며 평생을 '연결된 세상'에서 살아온 새로운 세대의 사고방식과 행동 패턴을 책한 권 분량의 텍스트에 의존해 쉽게 이해할 수 있다면 그게 더 이상할지도 모른다. 그러나 이미 거대한 소비 권력으로 부상했고 이제 막 기성 조직으로 밀려들어 오기 시작한 그들에 대한 이해를 뒤로 미룰 수는 없다. 읽고 공부하고 겪고 부딪히면서 알아 가야 한다. Z세대는 여러 측면에서 밀레니얼 세대를 비롯한 기존 세대와 다르기는 하지만 그렇다고 갑자기 하늘에서 떨어진 별종도 아니다. 다양한 방식의 소통과 경험, 학습을 통해 충분히 이들과 함께 호흡할 수 있다. 이런 점을 보여 주는 대표적인 사례는 글로벌 명품 브랜드 구찌다. 구찌는 Z세대 얘기만 나오면, 혹은 수년 전 밀레니얼 세대가 화두가 됐을 때부터 직원과 소비자로서의 MZ세대를 제대로 이해해 성공한 기업의 사례로 매번 등장해 왔다.

구찌는 2014년까지만 해도 큰 위기를 겪고 있었다. 2010년부터 매출이 매해 20퍼센트씩 줄고 있었다. 그런데 그로부터 5년이 훌쩍 지난 2020년 현재 구찌는 거의 모든 명품 브랜드의 벤치마킹 대상이 되었다.[78] 매출은 2015년 43억 달러에서 2016년 48억 달러, 2017년에는 70억 달러 그리고 2018년에는 98억 달러로 수직 상승했고 영업 이익률은 추세를 따라 2015년 26퍼센트에서 2018년 40퍼센트로 껑충 뛰었다. 더 중요한 것은 연령대별 매출 증가율이다. 2017년 기준 18~24세, 즉 Z세대에 주로 해당하는 이들에서 매출 증가율(31퍼센트)이 가장 높게 나타났고, 밀레니얼 세대에 해당하는 연령대 소비자들의 매출 증가율(27퍼센트)이 그 뒤를 바짝 쫓고 있는 모양새다. 2017년부터 2018년까지 구찌 총 매출의 55퍼센트가 두 세대로부터 나왔고 이런 경향은 2018년에서 2019년 사이 더욱 강화돼 총 매출의 65퍼센트를 MZ세대가 만들어 냈다. 하지만 구찌가 다른 모든 하이엔드 패션 브랜드, 명품 패션 기업들로부터 부러움의 대상이 된 건 이런 수치만으로는 드러나지 않는 이미지 그 자체 때문이다. 'It's so Gucci(구찌스럽다)'라는 표현은 주로 Z세대가 사용하는 신조어다. '멋지다', '쿨하다', '힙하다' 정도의 의미다.[79] 미래의 소비자 사이에서 이 정도 이미지를 구축한 명품 브랜드는 구찌뿐이다.

변화는 2015년 구찌 CEO로 취임한 마르코 비자리로부터 시작됐다. 그는 브랜드의 주 고객을 밀레니얼 세대로 재정의하고 무명에 가까웠던 알렉산드로 미켈레를 크리에이티

2017년 구찌 연령대별 매출 증가율

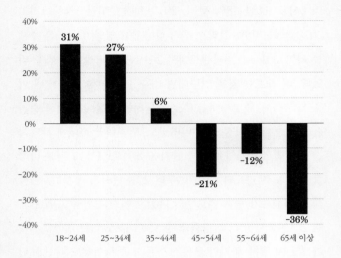

* 히트와이즈

브 디렉터로 발탁한다. 당시 Z세대는 거의 10대로 아직 별도의 세대로 본격 논의되고 있지는 않았기 때문에 20대에서 30대 중반인 밀레니얼 세대까지를 주 타깃으로 삼았다고 볼 수 있다. 리버스 멘토링이 이루어지는 그림자 위원회는 이때 탄생했다. 임원 회의가 끝나면 회의에서 나왔던 주제를 그림자 위원회에서 다시 토론하도록 했다. 이런 과정을 통해 회사의 내·외부 정책과 전략, 마케팅 방식은 '젊은 감각'에 맞게 변화

했다. 구찌 컬렉션에서 영감과 모티브를 얻은 전 세계 장소를 소개하고 직접 방문할 수 있도록 한 소비자 참여형 애플리케이션인 '구찌 플레이스'도 그렇게 탄생했다. 2019년 2월에는 서울의 대림미술관이 구찌 플레이스 중 한 곳으로 선정됐는데, 앱을 설치하면 사용자가 구찌 플레이스로 선정된 곳을 지날 때 게임 초대 알림이 뜬다. 게임은 이용자가 실제 플레이스를 방문하면 앱을 통해 체크인하고 관련 배지를 받을 수 있는, '포켓몬 고'와 유사한 방식이다. 배지를 획득하면 그 장소에서만 판매하는 한정판 컬렉션을 구입할 수 있다. 밀레니얼 세대가 특히 사랑하는 소셜 미디어인 인스타그램에 예쁘게 포스팅할 수 있도록 매장을 밝게 꾸미고, 새로운 컬래버레이션 컬렉션 자체를 인스타그램을 통해 공개하기도 했으며, 온라인에서만 판매하는 한정판을 발매하기도 했다. 그뿐 아니라 공정 무역, 사회적으로 올바른 소비 등에 관심이 많은 MZ세대의 가치를 반영해 모피 제품 생산 중단을 선언하기도 했는데 이는 구찌를 다시 힙한 브랜드로 변모시키는 데 크게 기여했다. 이런 아이디어들 중 대다수는 물론 그림자 위원회에서 나왔다.

2016~2017년을 지나면서 10대였던 Z세대 중 일부가 경제 활동을 시작하는 10대 후반, 20대 초반이 됐는데, 구찌는 이들에게도 완전한 '취향 저격' 브랜드로 자리매김했다. Z

세대가 기본적으로 모든 것을 영상을 통해 학습하고, 영상을 기반으로 소통하는 세대라는 점을 감안해 인플루언서를 활용한 각종 비디오 콘텐츠 마케팅에도 많은 투자를 했다. 2016년 구찌는 신제품 '에이스 스니커즈'를 전 세계 비디오 아티스트와 협업한 디지털 프로젝트를 통해 홍보했다. 한국에서는 '롱보드 여신'으로 불리는 인플루언서 고효주와 컬래버레이션해 캠페인 영상을 제작했다. 그가 구찌 스니커즈와 구찌 양말을 신고 롱보드를 타는 36초짜리 영상은 다른 내레이션이나 설명 없이도 Z세대를 열광시킬 수 있었다.

2015년부터 현재까지 구찌가 수립해 실행해 온 전략, 마케팅은 지금까지 이 책 전반에 걸쳐 설명해 온 MZ세대의 특징을 제대로 이해한 상태에서 전개돼 왔다고 볼 수 있다. 특히 2016년 이후부터는 미래의 소비 권력 Z세대만을 겨냥한 홍보와 마케팅 프로모션을 기획하고 성공시켰다. 이러한 성공의 기반에는 MZ세대 직원을 제대로 활용한 그림자 위원회가 자리 잡고 있다.

물론 모든 기업이 구찌처럼 할 수는 없다. 속한 산업군, 판매하는 제품과 서비스에 따라 적용 가능한 것이 있고 그렇지 않은 게 있다. 그림자 위원회도 각 국가와 기업의 문화에 따라, 속한 산업군에 따라 제대로 작동하지 않을 수도 있다. 그럼에도 불구하고 구찌 사례를 자세히 설명한 이유는 이 정도의 진정성을 갖고 Z세대를 이해하려고 노력하고 다양한 실험을 한다면 어떤 기업이든 각자 자신에 맞는 방법을 찾아 Z세대 소비자의 마음을 사로잡고 Z세대 직원과 일하는 법을 알아낼 수 있을 것이기 때문이다.

구찌 사례를 통해 소비자로서의 Z세대, 직원으로서의 Z세대에 대한 이해와 접근 방법 등을 정리했다면, 사회인으로서의 Z세대에 대한 이야기로 글을 마무리하고자 한다. 2020년 여름 현재, 전 세계는 흑사병과 스페인 독감 이후 최악의 유행병인 코로나19 글로벌 판데믹을 경험하고 있다. 여전히 치료제나 백신은 개발되지 않았으며, 보통 날이 더워지면 잦아드는 다른 바이러스와 달리 계절에 상관없이 대유행이 지속되고 있다. '콘택트 약화, 커넥트 강화'는 대세가 됐고, 판데믹 이전부터 시작돼 온 수많은 변화, 즉 재택근무, 직장에서의 보건·안전 관련 정책 강화와 개인적 공간과 영역의 중시 등이 코로나 사태를 기점으로 더욱 강화되고 있다.

본래 온라인·모바일 플랫폼에서 소셜 미디어 포스팅과 유튜브 방송, 그리고 댓글과 '좋아요' 등의 피드백을 통해 활동해 왔고 트레바리와 같은 모임에 참석하면서 느슨한 연대와 인간적 거리 두기를 일상적으로 경험한 MZ세대, 특히 Z세대에게 코로나 이후의 세계는 '뉴 노멀'이 아니라 본래 'Z세대의 노멀'일 뿐이었다. 이들에게 줌으로 화상 회의를 하거나 집에서 혼자 일하는 것, '혼술'하면서 배달 앱으로 주문한 음식을 먹고, 넷플릭스나 유튜브를 보며 인터넷 커뮤니티와 플랫폼에서 노는 것은 결코 어색한 일이 아니다.

실제로 대학내일 20대 연구소에서 만 15세에서 59세 남녀 1200명을 Z세대(만 15~24세), 밀레니얼 세대(만 25~39세), X세대(만 40~50세), 86세대(만 51~59세)로 구분해 세대별 자아, 관계, 사회, 국가, 세계, 삶에 대한 인식 및 가치관 비교 조사를 실시한 결과 Z세대는 다른 세대보다 온라인 관계에 열려 있었다. 세대별로 '친구'라고 생각하는 관계의 유형을 물었을 때 Z세대의 22.3퍼센트는 '온라인 커뮤니티 회원'을 친구라고 생각하고 있었다. 이는 밀레니얼 세대가 그렇게 생각하는 비율(14.3퍼센트)보다 크게 높은 수치다. 'SNS 팔로워를 친구로 생각'하는 비율도 22퍼센트로 다른 세대보다 높았으며, '최근 1개월간 가까운 친구와 소통한 방식'을 묻는 문항에서도 Z세대 28.3퍼센트(밀레니얼은 22퍼센트, X세대는 11.3퍼센트)가 영상 통화나 화상 통화로 소통한 경험이 있다고 답했다. 심지어 온라인 게임 속 아바타를 통해 소통했다는 비율도 Z세대가 27퍼센트로 다른 세대에 비해 높았다.

Z세대는 이런 관계에서 소속감을 느끼는 비율도 다른 세대보다 높다. 86세대(41.1퍼센트)와 X세대(33.7퍼센트)가 온라인에서도 실명을 기반으로 한 관계에 소속감을 느끼는 반

면, Z세대는 온라인 게임을 함께 즐기거나(31.9퍼센트), 특정 유튜버·BJ·콘텐츠·채널(29.3퍼센트)을 함께 즐기는 일시적이고 가벼운 관계에도 소속감을 느끼고 있었다.[80]

코로나를 기점으로 변화한 세상에서 Z세대는 더욱더 빠르고 강력하게 주류 세대로 등장할 것으로 보인다. 하지만 모든 일에는 명암이 있듯, 지금까지 서술한 Z세대의 특성은 몇 가지 역설적인 형태로 나타나기도 한다. 그중 하나가 바로 Z세대가 느끼는 외로움이다. 마크로밀 엠브레인에서 지난해 조사한 결과에 따르면 한국 사회에서 현재 많은 이들이 일상적으로 '외로움'을 느끼며 살고 있다. 특히 20대와 30대(MZ 세대)가 각각 67.2퍼센트, 64퍼센트가 '외롭다는 감정'에 노출돼 있다고 대답했다. 다른 세대에 비해 높은 수치다(40대 57.2퍼센트, 50대 49.6퍼센트). 스마트폰을 손에서 놓지 않고 늘 소통하고 연결된 상태로 살아가는 이들 세대가 오히려 외로움을 더 많이 느끼고 취약하다는 건 언뜻 쉽게 이해되지 않을 수 있다. 그러나 모바일을 통해 항상적 연결이 가능한 상태에서 연결되지 못할 때 느껴지는 극도의 불안감, 느슨한 연대의 오프라인 모임만 간간히 지속되는 삶이 어쩔 수 없이 야기하는 공허함 등은 Z세대 역시 인간이기에 당연히 느낄 수밖에 없는 감정일 것이다. 초연결 세대의 단절감과 외로움이라는 역설은 바로 이 지점에서 발생한다. 이는 향후 사회적인 문제가 될 소지도 있다. 기존 연구 결과에 따르면 외로움과 공허함이 극단화될 경우 분노 조절 장애와 공황 장애 등 정신적 문제로 이어지거나 타인에 대한 신체적·언어적 폭력으로 나타날 수 있기 때문이다.[81] 지금까지는 글로벌한 소통과 정보 공유 속에서 지구인 정체성을 형성하고 정치적 올바름과 공정함 등을 중시하는 등 긍정적인 방향으로 Z세대의 공유 가치가 만들어져 왔다. 전 세계의 다양한 인종과 계층을 유튜브라는 '평등한 플랫폼'에서 만나 교류하면서 서로에 대한 편견도 약해졌고, 기후 변화 등에 대한 위기의식을 공유하면서 세대 의식을 키운 것이다. 하지만 영상 기반의 '감성 소통력'이 강한 Z세대의 특성상 외로움과 공허함이 확산될 경우 문제가 발생할 수도 있다. 글로벌 경제가 지속적으로 어려운 상황에서 빈부 격차가 더 심해지고, 평등했던 온라인 플랫폼에서조차 인기와 부를 얻는 이들과 그렇지 않은 이들로 나뉘며 여기에 공허함, 외로움 등이 더해진다면 가장 원초적인 구별 짓기, 즉 인종·피부색·언어를 중심으로 배타적인 오프라인 그룹을 형성해 정신적 어려움을 해소하려 들 수 있기 때문이다. 이 과정에서 세대 일부가 내집단과 외집단을 철저히 구분해 '적'을 설정하고 동원하는 포퓰리즘에 취약한 면을 드러낼 가능성도 있다. 지금의 바람직해 보이는 성향은 언제든 변할 수 있다. 간단한 팩트와 정보 검색은 너무도 효율적으로 빠르게 해내지만, 독서나 오프라인 교류에서 주로 파악할 수 있는 '맥락'에 대한 이해는 다소 약한 세대이기 때문에 위험성이 더 클 수 있다.

　　Z세대의 역설과 그 역설이 만들어 내는 우려가 기우로 끝나길 바란다. 물론 그걸 기우로 만드는 것은 기성세대의 몫이다. 주로 소비자로서의 Z세대, 함께 일해서 성과를 낼 세대로서의 Z세대를 논했지만, 그 모든 것 이전에 그들은 기성세대가 정치·경제·사회의 현장을 떠난 뒤, 궁극적으로는 세상을 떠난 뒤에도 세상을 이끌어 갈 미래 그 자체임을 잊지 않아야 한다.

주

1 _ '덕질에 입문했다'는 뜻으로 특정 연예인이나 유명인, 애니메이션 캐릭터 등의 강력한 팬이 되는 것.

2 _ 여러 개의 논문형 아티클로 구성되는 경영 전문 매거진 DBR의 일종의 커버스토리.

3 _ 일반적으로는 소비자 및 고객을 인구 통계학적 특성에 따라 세분화하는 것을 의미한다. 최근에는 다른 구매 동기나 경로, 기타 다양한 특성으로 세분화하고 있다.

4 _ 이와 관련한 내용은 다음 글의 설명을 주로 참고했다. 노환희·송정민·강원택, 〈한국 선거에서의 세대 효과 – 1997년부터 2012년까지의 대선을 중심으로〉, 《한국정당학회보》 12(1), 2013.

5 _ 제프 프롬·앤지 리드(임가영 譯), 《최강소비권력 Z세대가 온다》, 홍익출판사, 2018.

6 _ 제프 프롬·앤지 리드(임가영 譯), 《최강소비권력 Z세대가 온다》, 홍익출판사, 2018에서 재인용.

7 _ 고승연, 〈쇼핑할 때 '성공을 위한 탐색' 중시, 행동하지 않는 기업은 위선자로 여겨〉, 《동아비즈니스리뷰》 269호, 2019. 3.
새라 윌슨, 〈SNS를 떠나는 Z세대를 붙잡는 새로운 방법〉, 《하버드비즈니스리뷰》, 2020. 3. 25.

8 _ 인사이팅, 〈美 Z세대 '스냅챗' vs 기성세대 '페이스북'…콘텐츠는 '영상'이 대세〉, 2019. 7. 3.
이재희, 〈"페이스북 하면 이미 구세대"…이제는 'Z세대'들이 뜬다〉, 《중앙일보》, 2015. 9. 23.

9 _ 곽주현, 〈Z세대 애용 앱, '카톡' 보단 '페메'〉, 《한국일보》, 2019. 11. 11.

10 _ Mark Zukerberg, 〈A Privacy-Focused Vision for Social Networking〉, Facebook, 2019. 3. 7.

11 _ 한국패션유통정보연구원, 〈Generation Z〉, 2018. 1. 18.

12 _ 물론 Z세대 전부가 그런 건 아니다. 관심사를 강화하는 유튜브 알고리즘의 영향으로 극단적인 극우, 극좌 성향을 가진 이들도 존재한다.

13 _ 이규탁, 《갈등하는 케이, 팝》, 스리체어스, 2020, 47~48쪽.

14 _ 한국의 남성 아이돌 그룹은 서구권에서 보통 '보이 밴드'라고 불린다.

15 _ BTS가 Z세대 전부에게 인기 있는 것은 아니다. 심지어 한국에서도 BTS의 인기가 Z세대 전체를 관통하지는 않는다.

16 _ 김병우, 〈미국의 Z세대, 그들은 과연 누구인가?〉, KOTRA, 2014. 1. 3.

17 _ 강채린, 〈미국 진출을 위해 Z세대를 공략하라〉, KOTRA, 2018. 3. 6.

18 _ 제프 프롬·앤지 리드(임가영 譯), 《최강소비권력 Z세대가 온다》, 홍익출판사, 2018에서 재인용.

19 _ 김용섭, 《요즘 애들, 요즘 어른들》, 21세기북스, 2019에서 재인용.

20 _ 강채린, 〈미국 진출을 위해 Z세대를 공략하라〉, KOTRA, 2018. 3. 6.

21 _ 제프 프롬·앤지 리드(임가영 譯), 《최강소비권력 Z세대가 온다》, 홍익출판사, 2018.

22 _ 최인수·윤덕환 외, 《2020 트렌드모니터》, 시크릿하우스, 2019.

23 _ 인플루언서는 크게 메가, 매크로, 마이크로 인플루언서로 구분된다. 메가 인플루언서는 애초에 스포츠 스타나 연예인이었던 이들이 소셜 미디어 활동을 하는 경우나 유튜브 스타로 수십에서 수백만 명의 팔로워를 보유한 이들이고, 매크로 인플루언서는 수만에서 최대 수십만 명의 팔로워를 가진 이들이다.

24 _ 김동욱, 《요즘 애들에게 팝니다》, 청림출판, 2020.

25 _ 제프 프롬·앤지 리드(임가영 譯), 《최강소비권력 Z세대가 온다》, 홍익출판사, 2018에서 재인용.

26 _ 고승연, 〈문제를 느끼면 즉시 말하는 세대… 열심히 들어 보라, 거기에 답이 있다〉), 《동아비즈니스리뷰》 269호, 2019. 3.

27 _ 전영선, 〈세포라가 진짜 세? 삼성동 1호점 가보니〉, 《중앙일보》, 2019. 10. 27.

28 _ 크리테오, 〈오프라인 매장에서 Instagram까지: Sephora의 5가지 성공적인 채널 마케팅 방법〉, 2019. 1. 15.

29 _ 온라인 쇼핑의 활성화로 기존 오프라인 매장이 어려움을 겪는 현상.

30 _ 이 매장과 관련한 내용은 김영은, 〈'아모레 성수', 화장품 판매 않는 매장이 입소문 난 이유는〉, 《한경비즈니스》, 2019. 12. 25.

31 _ 윤덕환, 〈'BTS 글로벌 인기? 내 일 아닌데…' Z세대에겐 누구나 좋아하는 취향은 없다〉, 《동아비즈니스리뷰》 278호, 2019. 8.

32 _ 251명 대상, 중복 응답 가능. 박진수, 〈취향-경험을 탐닉하는 파워 신인류, Z세대만의 코드를 이해하라〉, 《동아비즈니스리뷰》 269호, 2019. 3.

33 _ 박진수, 〈취향-경험을 탐닉하는 파워 신인류, Z세대만의 코드를 이해하라〉, 《동아비즈니스리뷰》 269호, 2019. 3.

34 _ 트레바리의 비즈니스 모델과 관련한 자세한 논의는 다음 글을 참고할 것. 고승연, 〈'돈 내는 독서모임, 그게 장사가 돼?', '취향에 맞는 관계 맺음' 삼매경에 빠지다〉, 《동아비즈니스리뷰》 280호, 2019. 9.

35 _ 삼성 노트북도 비슷한 상황이다. 밀레니얼 세대에게는 '아저씨들이 주로 쓰는 노

트북', '회사에서 지급하는 노트북'의 이미지를 벗어나지 못해 전혀 선호되지 않았지만, 실속형·가심비 소비를 추구하는 Z세대에게는 온라인 몰에서 쿠폰을 잘 활용하면 비교적 저렴하게 살 수 있는 실속형 노트북으로 자리매김했다.

36 _ 고승연, 〈문제를 느끼면 즉시 말하는 세대… 열심히 들어 보라, 거기에 답이 있다"〉, 《동아비즈니스리뷰》 269호, 2019. 3.

37 _ 고승연, 〈쇼핑할 때 '성공을 위한 탐색' 중시, 행동하지 않는 기업은 위선자로 여겨〉, 《동아비즈니스리뷰》 269호, 2019. 3.

38 _ 소비자가 온라인, 오프라인, 모바일 등 다양한 경로를 넘나들며 상품을 검색하고 구매할 수 있도록 한 서비스. 각 유통 채널의 특성을 결합해 어떤 채널에서든 같은 매장을 이용하는 것처럼 느낄 수 있도록 한 쇼핑 환경을 말한다. 〈옴니채널〉, 《네이버 지식백과》.

39 _ 1978년 출간된 문학 이론가 에드워드 사이드(Edward Said)의 저서 《오리엔탈리즘》으로 인해 유명해진 용어로, 하나의 이론과 지식 체계로 굳어진 '동양에 대한 서구의 왜곡과 편견'을 의미한다. 〈오리엔탈리즘〉, 《네이버 지식백과》.

40 _ 〈뮬란〉은 2020년 실사 영화로 OTT 플랫폼에서 개봉할 예정이다.

41 _ 오해를 막기 위해 다시 강조하지만, 해당 연령대의 모든 이들이 그런 것은 아니다. 오히려 더 인종주의적이거나 극단적인 성향을 가진 이들도 상당수 존재한다.

42 _ 이종길, 〈정치적 올바름에 기댄 디즈니의 자신감〉, 《아시아경제》, 2019. 7. 11. 이영희, 〈라틴계 공주에서 발명가 미녀, 게이 캐릭터까지… '정치적 올바름'의 최전선에 선 디즈니〉, 《중앙SUNDAY》, 2017. 3. 12.

43 _ 한국은 금융이나 자본 시장 관점에서는 신흥국이지만 경제 규모나 라이프스타일 그리고 문화 산업적 측면에서는 분명 선진국이다.

44 _ 물론 이를 오히려 조롱거리로 삼은 Z세대도 있다. 이는 세대론이 결코 해당 연령대의 모두를 설명할 수 없는 한계를 다시 한번 일깨워 준다.

45 _ 신현규, 〈저커버그, 트럼프 눈치보다 8조 날려… 결국 "증오 조장글 삭제"〉, 《매일경제》, 2020. 6. 28.

46 _ 김유아, 〈로레알도 화장품서 '미백' 단어 뺀다〉, 《연합뉴스》, 2020. 6. 27.

47 _ 그레타 툰베리는 스웨덴의 청소년 환경 운동가다. 2018년 8월 학교를 빠지고 스웨덴 국회의사당 앞에서 기후 변화 대책 마련을 촉구하는 1인 시위를 벌였다. 이 시위는 전 세계 수백만 명의 학생들이 참가하는 '미래를 위한 금요일' 운동으로 이어졌다. 최근 툰베리의 주장을 놓고 '경제 성장'으로 실질적인 빈곤과 어려움에서 헤어 나올 길을 찾는 후진국의 빈민에게는 도움이 안 된다는 주장부터, '스웨덴 상류층으로서 호화로운 생활을 영위하면서도 아스퍼거 증후군을 앓는 백인 10대 소녀의 이미지를 활용하는 미디어의 인형에 불과하다'는 비판까지 다양한 논란이 일고 있다. 그러나 필자는 그의 진정성을 인정하는 편이며, 이 책에서는 그런 논란은 제쳐 두고 Z세대의 분노를 드러내는 상징으로서 툰베리의 활동과 연설 내용 자체에 집중하고자 한다.

48 _ 2015년 여름, 미국 해양학자들이 코스타리카 해안에서 발견한 바다거북의 콧구멍에서 플라스틱 빨대를 뽑아내는 유튜브 영상이 전 세계적으로 큰 이슈가 된 바 있다.

49 _ 김민욱, 〈태평양에 쓰레기 8만t 모인 거대 섬 '둥둥'…하와이가 떤다〉, 《중앙일보》, 2019. 12. 17.

50 _ 1996년 미국의 《라이프》지에 파키스탄 시알코트 지역 아동이 나이키 축구공을 바느질하는 사진이 게재됐다. 불매 운동이 일어났고, 나이키의 주가 또한 떨어졌다. 이에 관한 자세한 내용은 다음을 참고할 것. 문상호·주선영, 〈나이키의 아동 노동 착취 소비자 불매 운동 이어져〉, 《조선일보》, 2013. 5. 28.

51 _ 최인수·윤덕환 외, 《2020 트렌드모니터》, 시크릿하우스, 2019.

52 _ 고승연, 〈쇼핑할 때 '성공을 위한 탐색' 중시, 행동하지 않는 기업은 위선자로 여겨〉, 《동아비즈니스리뷰》 269호, 2019. 3.

53 _ 임준수, 〈스타벅스의 '정치적 CSR'은 왜 실패했나〉, 《더피알》, 2015. 5. 15.

54 _ Jennifer Ortakales, 〈A vicious cycle fuels systemic racism in the fashion industry, where rich white people determine beauty standards and who gets access in the first place〉, 《Business Insider》, 2020.

55 _ 빅토리아 시크릿은 현재 위기감 속에서 트렌스젠더 모델을 기용하는 등 변화를 꾀하고 있다.

56 _ 정석환·이윤식, 〈남북 단일팀에 냉담한 2030, "무리한 추진 필요 없어" 82%〉, 《매일경제》, 2018. 1. 17.

57 _ 최인수·윤덕환 외, 《2020 트렌드모니터》, 시크릿하우스, 2019.

58 _ 정한울과 천관율은 저서 《20대 남자》에서 지금의 20대 남성 중 절반 정도는 한국 남성 최초로 '마이너리티 의식'을 갖고 있다고 설명한다.

59 _ 2019년 여름, 배달의 민족은 연예인과 소셜 미디어 인플루언서 등에게만 1만원 할인 쿠폰 여러 장을 제공했다가 일반 고객들의 반발을 일으켰다. 결국 배달의 민족은 공식 사과했고 쿠폰 배포를 중지했다.

60 _ 이은형, 《밀레니얼과 함께 일하는 법》, 앳워크, 2019.

61 _ 최재원·여준상, 〈팍팍한 삶 속 소유보다 공유 추구, 그들의 '탈출 본능'을 이해·활용하라〉, 《동아비즈니스리뷰》 269호, 2019. 3. 2.

62 _ 안정준, 〈1년 차 퇴사율 절반 시대… '개선 기회는 많았다'〉, 《머니투데이》, 2019. 12. 1.

63 _ 조직 내 '꼰대'들이 자신의 젊은 시절을 회상하며 일장 연설을 늘어놓는 것을 비꼰 표현이다.

64 _ 김미향, 〈'평생 직장' 커녕 5년 뒤도 모르는데… 업무에 혼을 담으라고요?〉, 《한겨레》, 2019. 5. 4.

65 _ 임홍택, 《90년생이 온다》, 웨일북, 2018.

66 _ 이은형, 《밀레니얼과 함께 일하는 법》, 앳워크, 2019.

67 _ 김재후·김주완·정소람, 〈판교밸리는 '인재 블랙홀'… 4대 그룹도 떨고 있다〉, 《한국경제》, 2020. 6. 8.

68 _ 고승연·김광현, 〈'공유와 신충헌', 몰입도 높은 수평조직 만들다!〉, 《동아비즈니스리뷰》 244호, 2018. 3.

69 _ 고승연, 〈문제를 느끼면 즉시 말하는 세대… 열심히 들어 보라, 거기에 답이 있다"〉, 《동아비즈니스리뷰》 269호, 2019. 3.

70 _ 윤영철, 《90년생과 일하는 방법》, 보랏빛소, 2019.

71 _ 인사 조직 전문 김성남 컨설턴트가 제시한 MZ세대를 위한 조직 변화의 10가지 원칙. 김성남, 〈피할 수 없으면 즐겨라? NO! 퇴사한다! 밀레니얼이 꿈꾸는 '꼰대' 없는 수평 조직〉, 《동아비즈니스리뷰》 278호, 2019. 8. 1.

72 _ 김성모, 〈아버지는 어렵고 무서워 삼촌 콘셉트, '신뢰 속의 자율'이 기적을 만들었죠〉, 《동아비즈니스리뷰》 286호, 2019. 12.

73 _ 리버스 멘토링이란 젊은 직원이 멘토가 돼 멘티인 경영진을 코칭하는 것이다. 구찌의 경우 이를 시스템적으로 활용해 이사회에서 논의된 주요 안건을 30세 이하의 젊은 직원들로 구성된 '그림자 이사회'에서 다시 논의하도록 한다. 이 그림자 위원회에서 MZ세대의 젊은 감각이 드러난 다양한 아이디어가 구찌 부활의 중요한 열쇠가 됐다. 현재 국내외 여러 기업에서도 리버스 멘토링을 시도하고 있다.
김지영, 〈젊은 세대로부터 배우는 리버스 멘토링에 신사업 전망이 '쑥', 체질 개선은 '덤'〉, 《동아일보》, 2020. 2. 18.

74 _ 이들 세대의 집단주의 및 개인주의, 탈권위의식 성향과 관련한 통계적 분석 결과는 이현우 외, 《표심의 역습》, 책담, 2016을 참고할 것.

75 _ 김민희, 〈20년 만의 귀환, X세대가 다시 주목받는다〉, 《주간조선》, 2019. 9. 19.

76 _ 실제로 한국의 40대는 정치 사회 여론 측면이나 투표 및 정치 행태 측면에서는 밀레니얼 세대와 한 집단으로 봐도 될 정도로 진보적인 성향을 갖고 있으며, 나이가 들수록 보수화되는 연령 효과가 나타나지 않는 세대이기도 하다. 이와 관련한 내용은 다음을 참고할 것.
이내영·정한울, 〈세대 균열의 구성 요소: 코호트 효과와 연령 효과〉, 《의정연구》 19(3), 2013.
허석재, 〈지역 균열은 어떻게 균열되는가?: 역대 대선에서 나타난 지역 이념 세대의 상호 작용〉, 《현대정치연구》 12(2), 2019.

77 _ 김민희, 〈20년 만의 귀환, X세대가 다시 주목받는다〉, 《주간조선》, 2019. 9. 19.

78 _ 고승연, 〈DBR minibox: 밀레니얼부터 Z까지 사로잡은 구찌의 힘〉, 《동아비즈니스리뷰》 269호, 2019. 3.

79 _ 설진훈, 〈It's so GUCCI〉, 《매일경제》, 2019. 1. 28.

80 _ 최세영, 〈포스트 코로나 시대, 비대면에 익숙한 Z세대… 온라인 관계에 가장 적극적〉, 《데일리경제》, 2020. 7. 13.

81 _ 최인수·윤덕환 외, 《2020 트렌드모니터》, 시크릿하우스, 2019.

북저널리즘 인사이드   밀레니얼도 모르는
                      Z세대

2019년 인스타그램에서 가장 많이 팔로우된 해시태그는 #공스타그램이었다. 주로 10대들이 '공부 인증샷'을 올리는 해시태그다. 태그된 게시물은 그날 한 공부 내용과 시간 등을 적고 취향대로 꾸민 다이어리 페이지나, 공부하는 모습을 타임랩스 영상으로 찍은 인증샷 등이다. 오늘 몇 시간을 공부했는지 측정하고 전국 순위를 매길 수 있는 앱 '열품타(열정 품은 타이머)'를 캡처한 사진도 종종 보인다. 유튜브에서는 '공부 브이로그'도 흔하다. 10대 수험생이나 20대 초반 대학생, 공시생 등이 유튜브에서 공부하는 모습, 그날 공부한 시간을 구독자들과 공유한다. 라이브 방송을 켜고 채팅에 참여하는 사람들과 함께 공부하기도 한다.

상대적으로 Z세대와 가까운 밀레니얼 세대로서도 이런 '랜선 공부'는 꽤 충격적이다. 밀레니얼인 나는 10대 내내 핸드폰을 달고 살았고, 버디버디나 싸이월드, 포털 사이트 카페 같은 온라인 소통에도 익숙했지만 스마트폰은 고등학생 때에야 나왔고 그마저도 공부 때문에 사용한 경우는 많지 않았던 세대다. 즉 공부와 스마트폰은 공존하기 어려운 존재였다. 휴대폰이나 인터넷을 통한 소통은 익숙하고 재밌는 일이지만 공부에 방해가 되는 시간 낭비에 가까웠고, 그래서 부모님 몰래 컴퓨터를 하는 것을 의미하는 '몰컴' 같은 말도 있었다. 공부 인증샷을 SNS에 올리고, 공부 브이로그를 만드는 것이 밀레니얼에게는 '쓸데없는 짓 하지 말고 공부나 하라'며 '등짝'을 맞을 일처럼 느껴지는 이유다.

지금 주로 10대 후반, 20대 초반인 Z세대 일상의 상당 부분을 차지하는 공부 방식은 저자가 말하는 Z세대의 특성을 그대로 보여 주고 있다. 이들은 디지털 네이티브다. 스마트폰과 온라인을 통한 연결은 일상적인 삶의 조건이고, 그래서 공부나 일 등에 방해가 된다, 아니다를 논할 만한 일이 아니다. 또 이들은 X세대 부모와 함께 성장기에 경제 위기를 거치면서 현실적인 성향과 경제관념을 장착했다. 교육의 중요성도 잘 알고 있다. 다른 세대만큼 대학 진학을 필수라고 생각하지는 않지만, 진학을 선택했다면 온라인과 SNS를 보조 수단 삼아 열심히 노력한다. 다른 분야를 선택한 Z세대도 마찬가지로 오프라인에서 하는 일이나 학습을 온라인 세계와의 구분 없이 공유하고, 비슷한 관심사를 가진 사람들과 이야기를 나눈다.

오프라인은 원래 존재하던 세상, 온라인은 새롭게 생겨난 세계라는 밀레니얼 세대까지의 인식은 Z세대에서부터 달라졌다. Z세대를 소비자로 끌어들이고 나아가 조직의 구성원으로 받아들여야 하는 기업과 사회가 그토록 이들을 이해하려 애쓰는 이유다. 랜선 공부, 일상적으로 켜놓는 영상 통화, 취향을 중심으로 한 SNS 소통, 그럼에도 불구하고 오프라인 경험을 중시하는 성향과 생각보다 보수적인 경제관념까지. Z세대를 관찰한 여러 연구와 보도가 중계하는 현상들을 단편적으로 접하다 보면 이들의 행동과 생각은 예측하기 어려워 보인다. 그러나 Z세대의 성장 과정, 다른 세대와의 상호 작용이 만든 특징에 대한 저자의 분석을 따라가다 보면 다양한 현상을 관통하는 한 가지 줄기가 보인다. 바로 온라인과 오프라인, 지역과 정체성의 구분이 필요 없는 세상을 살아 온 세대라는 점이다.

우리가 앞으로 살아가야 하는 세계는 온오프라인의 구분이 사라진, Z세대의 세계다. 저자의 비유처럼 이 세계에서 나고 자란 Z세대는 오프라인 세계에서 온 이민자인 우리를 달라진 세상에 더 빠르게 적응하게 해줄 수 있다. Z세대를 이해하는 것은 세대 간 소통의 문제만은 아니다. 변화하는 세계를 이해하고 미래를 준비하는 일이다.

소희준 에디터